Franz Maciejewski
Nofretete

Franz Maciejewski

NOFRETETE

*Die historische Gestalt
hinter der Büste*

Osburg Verlag

2. Auflage 2013
© Osburg Verlag Hamburg 2012
www.osburgverlag.de
Alle Rechte vorbehalten,
insbesondere das der Übersetzung, des öffentlichen Vortrags
sowie der Übertragung durch Rundfunk und Fernsehen,
auch einzelner Teile.
Kein Teil des Werkes darf in irgendeiner Form
(durch Fotografie, Mikrofilm oder andere Verfahren)
ohne schriftliche Genehmigung des Verlages reproduziert
oder unter Verwendung elektronischer Systeme
verarbeitet, vervielfältigt oder verbreitet werden.
Lektorat: Bernd Henninger, Heidelberg
Umschlaggestaltung: Toreros, Lüneburg
Satz: G&U Language & Publishing Services GmbH, Flensburg
Druck und Bindung: GGP Media GmbH, Pößneck
Printed in Germany
ISBN 978-3-940731-80-7

INHALT

» Wie man es erzählen kann,
so ist es nicht gewesen.«
(Christa Wolf)

EINLEITUNG

Hundert Jahre Missverstehen

Vor Ort in Tell El-Amarna. Wir schreiben den 6. Dezember 1912, ein Freitag. Die Mannschaft der Deutschen Orient-Gesellschaft hat in den Ruinen der Hauptstadt des rätselhaften Pharaos Echnaton gerade ihre zweite Grabungskampagne begonnen. In der Südstadt, westlich der sogenannten Oberpriesterstraße, sollen an diesem Tag Wohnhaus und Werkstatt des Bildhauers Thutmosis erkundet werden. Von dort kommend stürmt gegen Mittag ein Arbeiter in das Büro der Grabungsleitung. Er übergibt Ludwig Borchardt, dem *chef d'équipe*, einen Zettel mit der Aufforderung, schnellstens zum Haus P 47 zu kommen – ein Kürzel für das abgesteckte Planquadrat im besagten Quartier der antiken Stadt. Im meterhohen Schutt der Modellkammer des Thutmosis ist ein vielversprechender Fund gemacht worden; eine Rundplastik ist zum Vorschein gekommen, von der »zuerst nur ein fleischfarbener Nacken mit aufgemalten roten Bändern bloß liegt«. An Ort und Stelle lässt Borchardt die Hacke beiseite legen und hilft mit, das Objekt behutsam zu bergen und zu reinigen. Wenige Minuten später hält er den fast vollständig erhaltenen Porträtkopf der Nofretete, der Großen Königlichen Gemahlin des Echnaton, in Händen (Abb. 1). Ein Jahrhundertfund. Überwältigt von der Ausstrahlung der »bunten Büste« (wie der Fund fortan genannt wird) notiert er abends in sein Tagebuch: »Arbeit ganz hervorragend. Farben wie eben aufgelegt. *Beschreiben nützt nichts, ansehen!*«

Abb. 1: Präsentation der Büste am Fundort

Noch am Tag ihrer (Wieder-)Entdeckung nach über dreitausend Jahren avanciert Nofretete zu einer Ikone der Schönheit, die sprachlos bewundert werden will. Heute – hundert Jahre danach – will es so scheinen, als habe das schwärmerische

Motto ihres Entdeckers die Wahrnehmung der Amarnakönigin ein für allemal festgelegt. Das gilt nicht nur für das anonyme Millionenpublikum, das alljährlich in das Ägyptische Museum von Berlin strömt, um die Schöne zu sehen, sondern ebenso für die Mehrzahl der mit ihr befassten Wissenschaftler, Ägyptologen nicht anders als Kunstgeschichtler und Kulturhistoriker. Während König Echnaton aufgrund seiner beispiellosen Taten als Kulturheros und Städtebauer den Ehrentitel »erste Persönlichkeit der Weltgeschichte« erhielt, wurde und wird die Persönlichkeit Nofretetes mit dem Ruf, »die schönste Frau der Weltgeschichte« zu sein, auf die Gestalt eines zeitlosen Eros reduziert. Einen festen historischen Platz hat sie bislang einzig in der »Geschichte der Schönheit«[1] gefunden, als deren Covergirl sie vielfach auftritt. Man höre zum Beispiel die Einlassung des französischen Ägyptologen Christian Jacq: »Es fehlen einem die Worte, um diese Frau von strahlender Hoheit, deren Lächeln von einem inneren Licht beseelt ist, das die Jahrtausende überdauert hat und uns im Herzen anrührt, zu beschreiben.« Ein zeitgenössisches, fast wortgetreues Echo auf das Motto Borchardts. Zugleich ein sprechendes Dokument für *hundert Jahre Missverstehen*.

Einen falschen (besser: einseitigen) Eindruck vom Kopf der Nofretete hat Borchardt möglicherweise deshalb gewonnen und weitergegeben, weil er ein entscheidendes Detail der Büste nicht (mehr) sehen konnte – aber hätte beschreiben können. Im Tagebuch heißt es zum Zustand des Kunstwerkes lapidar: »Es war fast vollständig, nur die Ohren waren bestoßen und im linken Auge fehlte die Einlage.« Doch dies sind nicht die einzigen Beschädigungen resp. Mängel. In der Mitte der blauen Krone (die Borchardt durchgängig als Perücke bezeichnet) sind die Reste einer sich windenden Königsschlange sichtbar, deren sich aufbäumender Kopfteil abgeschlagen wurde. (Dies geschah wahrscheinlich noch in Amarna selbst, vielleicht bei der Aufgabe der Stadt; jedenfalls wurden vor Ort keinerlei Bruchstücke mehr gefunden.) Vor allem in Profilansicht ist das

fehlende Stück kaum als Verlust auffällig; es wird – zumindest
in den Augen des westlichen Betrachters – nicht wirklich ver-
misst. Frontal betrachtet scheinen sich die Reste des (in Form
einer liegenden Acht gewundenen) Schlangenleibs im Dekor des
bunten Reifs, das die Krone in der Mitte wie bandartig zusam-
menhält, nahezu zu verlieren, während das lange Schwanzende
unauffällig auf der abgeflachten Dachfläche ausläuft. Anhand
einer der ältesten zeichnerischen Kopien der Büste, bei der die
Künstlerin Clara Siemens[2] den beim Original weggebrochenen
Halsschild und Kopf der Stirnschlange ergänzt hat, lässt sich
der gegenteilige Eindruck überprüfen (Abb. 2). Tatsächlich
zeichnet die vollständige (vervollständigte) Büste deutlich ein
Moment verstörender Fremdheit aus. Sie resultiert aus dem Widerspruch zwischen dem Ausdruck von Ruhe und Ebenmaß,
den das Gesicht der Königin ausstrahlt, und dem von Wildheit
und Aggressivität, wie ihn die Gestalt einer kampfbereit auf-
gerichteten Kobra zeigt. Der Schönen war in Wirklichkeit ein
Biest beigesellt, dessen magischer Bann die erhabene Szene in
eine bedrohliche Vorwelt versetzt. Bei der aufgefundenen Büste
ist mit dem verlorenen Stück auch diese irritierende Spannung
und Erregung verschwunden. Es sei denn, man hat sich ein Ge-
spür für jenen »ausgesparten Raum wie von Gefahren« (Ril-
ke) erhalten, wie etwa die amerikanische Kunst- und Kultur-
historikerin Camille Paglia, die darauf beharrt, die angemessene
Reaktion auf die Büste der Königin sei Angst. Für gewöhnlich
wirkt das Gesicht der Nofretete ohne den bedrohlichen Schlan-
genkopf vertrauter, wenn man so will: europäischer. Die kulturelle Fremdheit ist einem gefühlten Modernismus gewichen,
der eine unwiderstehliche Anziehungskraft entfaltet. Liegt hier
einer der Gründe, warum auch Borchardt das Fehlen der Stirnschlange anfänglich nicht bemerkt zu haben scheint? War die
spontane Nähe und Einfühlung, die der deutsche Ägyptologe
für eine Königin der fernen Bronzezeit zeigt, insgeheim dem
missing link geschuldet, das unbewusst als Gewinn im Verlust
verbucht wurde? Dann wäre mit Nofretete geschehen, was der

erste Biograph des Echnaton, Arthur Weigall, mit dem Amarnakönig nahezu zeitgleich (1910) gemacht hat: diesen aufgrund
der empfundenen Wahlverwandtschaft von Aton-Religion und
Christentum als »unseren Bruder, ja fast unseren Zeitgenossen«
anzunehmen. Für die westliche Kulturelite brachten die Amarna-
funde offenbar das Gewünschte.

Abb. 2:
Die Büste nach
einer Zeichnung
von Clara Siemens

Wir können natürlich nicht wissen, was damals in Borchardt
wirklich vor sich gegangen ist, und wollen daher die Frage, ob
unbewusste Motive bei der Inaugenscheinnahme der bunten
Büste (und nachfolgend im Verlauf der Rezeptionsgeschichte)
eine Rolle gespielt haben, auf sich beruhen lassen. Aber ein anderer (die Königsideologie betreffender) Umstand hätte dem
kühlen Forscher unbedingt zu denken geben – und ihn dann zu
Block und Bleistift greifen lassen müssen. Der sich aufrichtende

Teil der Stirnschlange war abgeschlagen und unwiederbringlich verloren; aber die unstrittige Tatsache, dass zur Modellbüste aus der Werkstatt des Thutmosis ein sogenannter Uräus gehörte, war alles andere als selbstverständlich. Seit Menschengedenken galt im Alten Ägypten die an der Stirn getragene Uräusschlange als Ausweis königlicher Würde *par excellence*. Sie signalisierte im Zeichen der Kobra göttlichen Schutz und unbedingte Machtfülle und war allein dem Pharao vorbehalten; die königlichen Gemahlinnen trugen wahlweise den Geier (oder ersatzweise die Geierhaube) zusammen mit einem Uräus oder zwei (manchmal auch mehreren) Uräen. Borchardt muss gewusst haben, dass diese Tradition auch in Amarna Geltung beanspruchte, einer Zeit, in der selbst die als Gottkönig verehrte Sonnenscheibe (»Aton«) nie ohne Uräus abgebildet wurde. In den frühen und mittleren Jahren seiner Regierung trägt allein Echnaton die einzelne Stirnschlange als Zeichen der Königsherrschaft. Während dieser Zeit sehen wir Nofretete – nicht anders als vor ihr Königin Teje, Echnatons Mutter, und nach ihr Anchesenamun, die Gemahlin Tutanchamuns – stets mit (mindestens) zwei Uräen abgebildet. Das gilt interessanterweise auch für ein Modellrelief, das wir als *blue print* der »bunten Büste« begreifen können. Die Komposition dieses in linker Profilansicht dargestellten Kopfes entspricht in allen wesentlichen Teilen der Darstellung des Berliner Kopfes der Nofretete. Abgesehen vom mehr expressiven Stil der Frühzeit besteht der einzige ikonographische Unterschied im Vorhandensein von zwei Uräen. Das heißt, das Flachrelief zeigt Nofretete eindeutig als Große Königliche Gemahlin. Wenn es (was durchaus als möglich erscheint) dem Bildhauer Thutmosis in späterer Zeit als Modell gedient hat, dann hätte dieser seine Vorlage in einem entscheidenden Punkt verändert und offensichtlich der neuen Realität bei Hofe angepasst. Die Berliner Büste zeigt uns nicht länger das Antlitz der Königin (als der Frau des Königs), in vollendeter Weise präsentiert sie uns das neue Gesicht der Nofretete in der Pose einer Regentin. Die Schöne kommt als Herrscherin daher. Das ist die wahre Sensation

DIE AMARNAZEIT

»Amarna« ist ein Kunstwort, das auf einige arabische Dorf- und Stammesnamen aus der Gegend des antiken Achetaton (»Horizont des Aton«), Echnatons neuer Residenz, zurückgeht. Heute bezeichnet der Name nicht nur den Ort, sondern ebenso die Epoche, die für gewöhnlich mit der 17-jährigen Regierungszeit des »Ketzerkönigs« gleichgesetzt wird. Diese Bestimmung ist jedoch ungenau. Von den siebzehn Jahren hat Echnaton nur die letzten zehn Jahre in seiner neuen Hauptstadt residiert, die ersten Jahre (die mehrjährige Bauzeit eingeschlossen) verbrachte er mit seinem Hof in Theben. Hier fand – noch unter dem Geburtsnamen Amenophis IV. – sowohl seine Krönung als auch seine Heirat mit Nofretete statt. Thebanisch inspiriert waren die Anfänge des neuen künstlerischen Aufbruchs, der gemeinhin als »Amarnastil« bezeichnet wird. Mit den ersten Aton-Tempeln stand auch die Wiege der neuen Religion in Theben.

Das mit Amarna Gemeinte – der revolutionäre Umbruch in Religion und Kunst – wurde also anfänglich in Theben in Szene gesetzt (wo der minderjährige König noch nicht zu den Hauptakteuren zählte) und ging dann später über den namensgebenden Ort und die Lebenszeit seines Gründers weit hinaus. Entgegen einer weitverbreiteten Annahme wurde Echnaton nicht gestürzt, sondern in allen Ehren im Königsgrab von Amarna beigesetzt. Auf ihn folgten vier weitere Herrscher, die sich dem Erbe von Amarna, nicht zuletzt aufgrund verwandtschaftlicher Beziehungen, verpflichtet fühlten und zusammen noch einmal 17 Jahre lang regierten: Nofretete, Echnatons Witwe; Semenchkare, sein Halbbruder; Tutanchaton/-amun, sein Sohn; Eje, sein Schwiegervater. Wenngleich die beiden letzten Könige Amarna wieder verließen, waren sie doch allesamt mit Amarna kontaminiert. Als die nachfolgenden Ramessiden Echnaton samt seinen Nachfolgern *en bloc* aus den Königslisten strichen, haben sie also eine erweiterte Amarnazeit von 34 Jahren aus dem kollektiven Gedächtnis zu tilgen versucht.

des Fundes und die eigentliche Botschaft der Berliner Skulptur
jenseits der kunstästhetischen Dimension. Eine Botschaft, die
Borchardt offensichtlich entgangen ist.

Soweit wir wissen, war Nofretete die einzige Frau, die zu
Lebzeiten Echnatons die Stirnschlange trug – und damit den
Platz einer gleichberechtigten Mitregentin einnahm. Diese Statuserhöhung ist am besten durch die sogenannte Wilbour-Plakette (Abb. 3) belegt, benannt nach Charles Edwin Wilbour,
der das Stück im Jahre 1881 in Amarna erwarb (das somit
Borchardt bekannt gewesen sein dürfte). Die Vis-à-vis-Darstellung des Königspaares Echnaton-Nofretete kulminiert in der
faszinierenden Gegenüberstellung der beiden Kobras, die – wie
die amerikanische Ägyptologin Dorothea Arnold gesehen hat
– sehr unterschiedlich stilisiert sind: »Echnatons Kobra bietet
ein Bild der Würde, in aufrechter Pose und mit der ruhigen
doppelten Schleife des kräftigen Körpers, während Nofretetes
nervös schlängelnde Schlange sich bedrohlich nach hinten bewegt, bereit zuzustoßen. Hat der Künstler die beiden Koregenten
bewusst unterscheiden wollen, indem er Echnaton am Abend
seiner Revolution in abgeklärter Ruhe darstellte, Nofretete dagegen als den aktiveren und energischeren Partner, bereit die
Herausforderung des Tages anzunehmen?« Wie auch immer,
Einigkeit herrscht unter Experten darüber, dass die Plakette
aus der Spätzeit von Amarna stammt. Damit verglichen dürfte
die bunte Büste – übrigens die erste aufgefundene Rundplastik,
die Nofretete mit einer solitären Stirnschlange zeigt – noch um
einige Jahre später zu datieren sein, entweder aus der Zeit unmittelbar vor oder kurz nach dem Tod Echnatons. Das heißt,
die Skulptur könnte Nofretete *noch* als Mitregentin oder *schon*
als Alleinherrscherin zeigen. Die Frage lässt sich nicht entscheiden. Die Würdigung von Arnold im Ohr ist es jedoch eine ansprechende Vermutung, die jetzt von Nofretete ausgestrahlte
Ruhe und Souveränität dahingehend zu interpretieren, dass
der Künstler den Auftrag hatte, das neue Image der Königin
als Pharaonin ins Werk zu setzen. Wenn dem so wäre, dann

enthielte das gängige Klischee von der »zeitlosen Schönen« in
der Tat eine dramatische Unterbewertung jener Frau, der es als
zweiter Königin nach Hatschepsut[3] gelang, im Verlauf der 18.
Dynastie den ägyptischen Thron zu besteigen.

Abb. 3: Das Königspaar auf der sog. Wilbour-Plakette

Kann es sein, dass Ludwig Borchardt, der Entdecker, all die
sprechenden Spuren und Zeichen übersehen hat? Soweit dürfen wir sicherlich nicht gehen. Tatsächlich hat er Jahre später
die unterlassene Beschreibung der bunten Büste nachgeholt,
wenn auch zögerlich. In seiner Schrift »Porträts der Königin
Nofretete« (1923) bekräftigt er zunächst sein damaliges Motto
(»Beschreiben nützt nichts, ansehen!«) mit den Worten: »Heute
möchte ich dasselbe wieder schreiben, da ich überzeugt bin,
dass meine Worte den Eindruck dieses Kunstwerkes nicht wie-
dergeben können.« Bemerkenswert, dass Borchardt hier allein die ästhetische Bewertung der Büste ins Spiel bringt. Er
betrachtet seine kostbare Trophäe offenbar in erster Linie als

Ausstellungsstück und weniger als Forschungsgegenstand, der dazu dienen könnte, die Geschichte von Amarna neu zu schreiben. Doch nach diesem erneuten Abstandhalten lässt er sich auf eine »betont sachliche« Beschreibung ein und kommt selbstredend auch auf die Stirnschlange zu sprechen, die uns als eine Art von Leitfossil gedient hat. Die entsprechende Passage lautet: »Etwa auf halber Höhe wird die Perücke durch einen festen goldenen Reif mit Halbedelsteineinlagen bandartig zusammengehalten. Vorn an diesem Reif erhebt sich die Königsschlange, deren Schwanz scharf geknickt auf der Oberseite der Perücke verläuft. Dieser ganze Reif mit der Königsschlange und dem soeben beschriebenen hinteren Schluss ist ein bekanntes, oft abgebildetes königliches Abzeichen, das uns in dem berühmten Diadem des Königs Antef im Leydener Museum auch in Wirklichkeit erhalten ist.«

Mit der Feststellung, Nofretete trage mit der Stirnschlange ein »königliches Abzeichen«, ist Borchardt der Deutung ganz nah, dass wir nach diesem Ausweis in ihr eine wirklich regierende Königin, also eine Echnaton in Kult und Politik gleichwertige Monarchin, anerkennen müssen. Doch er verschließt sich dieser Schlussfolgerung: »Aus diesem äußerlichen Hervortreten der Königin aber auf ihre tätige Mitwirkung bei den Regierungsgeschäften oder bei den religiösen Bestrebungen ihres königlichen Gemahls zu schließen, scheint mir doch etwas gewagt, namentlich wenn man die andere – oder vielleicht einzige – Seite ihres Wesens betrachtet, die sich in den vielen Familiendarstellungen zeigt. Dort sieht man sie stets nur als liebende Gattin und zärtliche Mutter.«

Das ist – ganz abgesehen vom deutlich herrscherzentrierten Zungenschlag – ein erkennbar schwaches Argument, weil es ebenso gut die Annahme stützen könnte, in den zahlreichen Familienszenen offenbare sich das wahre Wesen des Echnaton als das »eines liebenden Gatten und zärtlichen Vaters«. Es ist ja gerade das Signum der Amarnazeit, dass das Königspaar fast alle Lebensbereiche teilt und dabei gleichberechtigt und häufig ununterscheidbar auftritt. Aber davon abgesehen, lassen sich einige der sinnlichen, häufig intimen Familienszenen, in denen Nofretete ihrem Gatten Wein einschenkt oder diesen zärtlich liebkost, tatsächlich im Sinne Borchardts (miss-)verstehen. Das gilt auch für eine Vielzahl von Darstellungen des Königspaares beim Opfer für Aton. Typischerweise sehen wir den religiösen Exzentriker Echnaton mit hoch erhobenen Weihgaben voranschreiten, gefolgt von seiner Gattin, die – omnipräsent, aber stets einen Schritt zurück und einen Kopf kleiner – sich für den Kult, so scheint es, in die Pflicht nehmen lässt, ohne das Gefälle der Macht in Frage zu stellen. Das ist jedoch nicht die ganze Wahrheit. Die Schieflage, in die Borchardt geraten ist, hat ihren Grund in einem Klumpeneffekt: Bei weitem die meisten seiner Belege stammen aus der frühen und mittleren Amarnazeit. Schon die aus der Spätzeit zu datierende Berliner Büste fällt, richtig beschrieben, aus diesem Rahmen heraus. Ähnliches gilt auf der anderen Seite für die Vor-Amarnazeit, also die frühen Regierungsjahre in Theben, die zu Borchardts Zeit noch kaum erforscht waren. Hier findet sich eine Fülle von Belegen, die das gängige Bild von der attraktiven (aber unpolitischen) First Lady an der Seite Echnatons auf ganz andere Weise in Frage stellen. So etwa Szenen, in denen Nofretete in Gestalt einer Sphinx symbolisch die Feinde Ägyptens niedertrampelt oder die rituell-martialische Geste des »Erschlagens der Feinde« vollzieht. Königliche Taten einer noch Ungekrönten. Überraschende Facetten wie diese führen zu einer völligen Neubewertung der geschichtlichen Rolle der Königin – und des Mannes an ihrer Seite. Nach 100 Jahren ist die Zeit gekommen, das Motto von Borchardt auf den Kopf zu stellen: *Anschauen reicht nicht, beschreiben!*

Der verspätete Auftritt der historischen Gestalt, die so lange hinter dem schönen Schein der Berliner Büste verborgen war, ist alles andere als eine sich selbst erzählende Geschichte. Dafür sind die Belege von unstrittiger Bedeutung zu gering, die Lücken im Lebenslauf der Amarnakönigin zu groß. Das heißt, die

Sinngeschichte, die ich hier vorlege, kann und will allein durch Triftigkeit der Rekonstruktion, nicht durch letzte Gewissheit überzeugen. Entscheidend für die Linienführung und Konturierung der Gestalt der Nofretete sind zwei historische Grundfiguren, die – wie schon im Fall meiner Studie über Echnaton (2010) – den gesamten Plot zusammenhalten:

1. Das bewegende Geschichtsmoment der erweiterten Amarnazeit ist ein vom Hause Juja betriebener Dynastiewechsel, der das Ende der Thutmosiden heraufbeschwört. Nach ihrer Großtante Mutemwia, einer (Neben-)Frau Thutmosis' IV., und ihrer Tante Teje, der Gattin Amenophis' III., ist Nofretete die dritte Juja, die mit Amenophis IV.-Echnaton einen thutmosidischen König heiratet; aber sie ist die erste Juja-Königin, die – nicht zuletzt durch den Aufwind einer zum Staatskult erhobenen Aton-Religion – selber den Thron Ägyptens besteigt.

2. Der revolutionäre Umbruch des Echnaton, der in der Gründung eines intoleranten Gottesstaates gipfelt, ist eine kurzzeitige (wenngleich mächtige) Seitenlinie der breiten machtpolitischen Spur. Während das auf dem Fließsand inzestuöser Beziehungen errichtete Kartenhaus des religiösen Fanatikers rasch zerfällt, bestellen die Juja im Nachfolgestreit weiterhin erfolgreich ihr Feld. Mit König Eje, dem Vater der Nofretete, steigt am Ende der Amarnazeit der erste männliche Vertreter des Hauses Juja zum Pharao auf. Neben ihren beiden Vorgängerinnen Mutemwia und Teje und ihrem väterlichen Nachfolger Eje ist Königin Nofretete die schillernde Hauptperson im großen Drama von Aufstieg und Fall des Hauses Juja – dem letzten Vorhang der ruhmreichen 18. Dynastie.

ERSTER AUFTRITT

Theben um 1350 v.u.Z.
Der Tempelbezirk des Amun-Re-Harachte in Karnak

Als Kronprinz Amenophis im Alter von 10 (vielleicht 12) Jahren
seinem gleichnamigen Vater Amenophis III., dem »Herrscher der
Herrscher«, auf den ägyptischen Thron nachfolgt, ist er formell
der mächtigste Mann der damals bekannten Welt – in Wahrheit
jedoch ein Kindkönig unter Einfluss. Die Regierungsgeschäfte
liegen – wie so häufig in der 18. Dynastie[4] – in den Händen der
Königswitwe und Königsmutter. Teje, nach Ausweis des berühmten Berliner Kopfes (Abb. 4) eine Frau von großer Willenskraft,
hatte an der Seite ihres verstorbenen Gemahls eine beispiellose
Karriere hinter sich. Während der ungewöhnlich langen Regierungszeit von weit über dreißig Jahren vermochte sie den Spielraum, der einer Großen Königlichen Gemahlin traditionell zur
Verfügung stand, stetig zu erweitern und eine nie da gewesene
Machtfülle auf sich zu vereinigen. An allen wichtigen politischen
wie kultischen Ereignissen nahm sie aktiv teil; sie »leitete Ober-
und Unterägypten« (wie amtliche Urkunden beglaubigen) und
korrespondierte eigenständig mit fremden Herrschern. Zum ersten Mal verkörperte sie die Kraft des Sonnengottes in Gestalt
einer weiblichen Sphinx, ein Vorrecht, das seit Urzeiten dem
(männlichen) Pharao als dem »Sohn des Re« vorbehalten war.
Folgerichtig erwies man ihr schon zu Lebzeiten kultische Ehren.

Beim Tode Amenophis' III. stand Königin Teje faktisch im
Zenit ihrer Macht. Das heißt, bei den mit der Thronfolge ein-
hergehenden Entscheidungen: der Festlegung des ersten Regie-
rungsprogramms sowie der Auswahl einer geeigneten Heiratskandidatin für den jungen König, führte an ihr kein Weg vorbei.

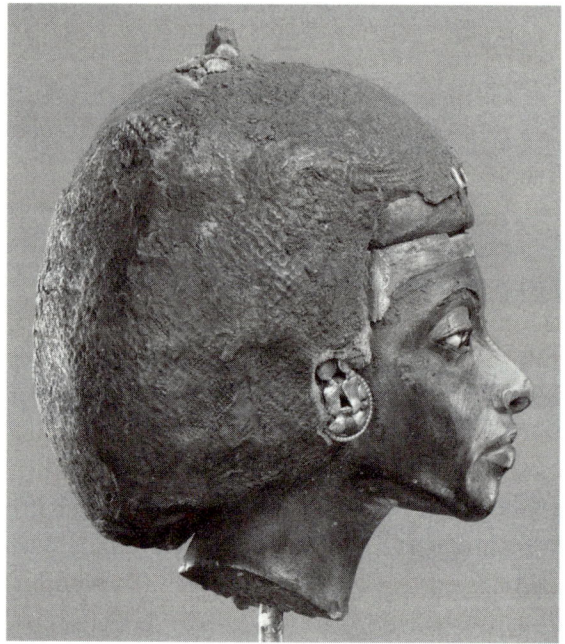

Abb. 4:
Der Berliner
Kopf der Teje

Für die einflussreichen Kreise am Hof dürfte Teje geradezu als
Garantin für die Fortsetzung der so erfolgreichen Politik der
Thutmosiden gegolten haben. Als faktische Mitregentin aus
den Zeiten Amenophis' III. war sie wie keine andere die Repräsentantin einer unbeschreiblichen Glanzzeit. Mit den Mitteln
der Diplomatie (und nicht länger des Krieges) hatte das Herr-
scherpaar Ägypten Frieden und einen ungeheuren Reichtum
beschert, einen scheinbar nie versiegenden Zustrom an Menschen und Waren aus aller Herren Ländern. Architekten statt
Generäle hatten das Sagen und überzogen im Auftrag der Krone das Land mit gewaltigen Bauten. Monumentale Tempel und
prachtvolle Paläste auf beiden Seiten des Nils, stets eingefasst
von zahllosen Wasserbecken und blühenden Gärten, an die sich
die luxuriösen Villen der Beamten und Höflinge, aber auch die
quirligen Viertel der Händler und Handwerker anschlossen,
verwandelten die alte Hauptstadt der Hyksosbezwinger in eine

mondäne Metropole: eine vielgesichtige, auch religiös poly-
phon gestimmte Stadt von Welt, deren Strahlkraft im Home-
rischen Bild vom »hunderttorigen Theben« legendär geworden
ist. Angesichts dieser glänzenden Ausgangslage standen die
Zeichen eindeutig auf Kontinuität und nicht auf Umbruch.

Die ersten Schritte der neuen Regierung Amenophis' IV. schienen diese Erwartungen zu bestätigen. Kein Feldzug, sondern ein
neues ehrgeiziges Bauprogramm stand auf der Tagesordnung des
Hofes. An die höchsten Beamten und Offiziere erging der Befehl,
im ganzen Land Arbeiter zu rekrutieren, um in den Steinbrü-
chen von Gebel Silsile (weit südlich von Theben) Sandstein für
den Bau eines Obeliskentempels zu brechen und nach Karnak zu
transportieren. Dieser thebanische Tempelbezirk war das kultische Zentrum des Reichsgottes Amun. Seit Generationen emp-
fanden es die Pharaonen als eine heilige Verpflichtung, den Großen Amun-Tempel durch neue Pylone und Sanktuare, Kapellen
und Höfe immer größer und prächtiger zu gestalten. Mit den
ersten Thutmosiden hielt der ursprünglich im nördlichen Heliopolis heimische Kult um den Sonnengott Re Einzug in Karnak.[5]
Vor allem mit der Aufrichtung von Obelisken verwandelte sich
die oberägyptische Stadt nach und nach in ein »südliches Heliopolis«. Konsequenterweise hieß der Götterkönig fortan Amun-
Re. In den Tagen Amenophis' IV. bedeutete das Aufstellen eines
solaren Kultobjekts im Tempelbezirk des Amun-Re also nichts
Außergewöhnliches. Befremdlich war allenfalls der Name des
Sonnengottes, dem das Heiligtum geweiht war. Auf den Inschriften heißt er nicht einfach Re-Harachte; er wird vielmehr mit
einer komplizierten Formel umschrieben:

Re-Harachte, der im Horizont jubelt, in seiner Gestalt als
Licht, das die Sonnenscheibe (Aton) ist.

Den Sonnentheologen unter den Priestern wird nicht entgangen
sein, dass hier neben Re-Harachte und Aton ein drittes Element
auftaucht: das Licht. Ein weiteres solares Gottesteilchen, das

ganz offensichtlich das Wesen des Aton bezeichnen soll. Die von der Sonnenscheibe ausgesandten Strahlen, welche die Welt ins Leben rufen und deren heilige Schöpfungsordnung bewahren helfen, lassen Aton als Lichtgott erscheinen. Doch was sich *für uns* als ein untrüglicher Hinweis auf den grundstürzenden Aton-Kult der späteren Jahre liest, dürfte in den Augen der relevanten Zeitgenossen bestenfalls als eine Zuspitzung dessen erschienen sein, was in den gängigen Sonnenhymnen (etwa dem berühmten Hymnus von Suti und Hor, zweier Baumeister aus der Spätzeit Amenophis' III.)[6] längst als kultureller Sinn zirkulierte. Dass der junge Pharao durchaus in den traditionellen Spuren seines Vorgängers zu wandeln beabsichtigte, suggeriert auch die große Felsinschrift am Gebel Silsile, welche die rituelle Eröffnung der Steinbrüche festhält. Das Bildfeld dieser Stele ist völlig konventionell gestaltet und zeigt Amenophis IV. beim Opfer vor Amun-Re. Umgekehrt wird dort der Sonnengott Re-Harachte ebenso orthodox dargestellt: in menschlicher Gestalt mit Falkenkopf und Sonnenscheibe, ausgeführt in der alten Technik des erhabenen Reliefs. Ähnliches gilt für Szenen, die sich im Grab eines hohen Beamten, eines gewissen Kheruef, erhalten haben. Hier sehen wir Amenophis IV. beim traditionellen Opfer vor den Göttern Re-Harachte und Maat, Atum und Hathor – stets in Begleitung seiner Mutter Teje.

Die ganz im herkömmlichen Stil ausgeführte Bildfolge dokumentiert die Frühzeit der Regierung und zeigt an, dass Amenophis IV. in dieser Phase noch nicht verheiratet war. Tatsächlich tritt Nofretete, seine zukünftige Gattin, erst im dritten Regierungsjahr überhaupt in Erscheinung (Abb. 5). Warum musste sie auf ihren ersten Auftritt so lange warten? Stieß ihre Erwählung zur königlichen Gemahlin auf Widerstände? Es gibt gute Gründe, genau dies anzunehmen. Nofretete war weder eine standesgemäße Prinzessin, die in das Schema royaler Thronfolge passte, noch eine einfache Haremsdame, die es als Favoritin des Thronanwärters zu einer Liebesheirat gebracht hätte. Vielmehr kam sie mit großer Wahrscheinlichkeit aus derselben einflussreichen Familie, aus der auch Königin Teje stammte: dem Haus Juja. Die Älteren unter den Zeitgenossen werden sich an den spektakulären Coup erinnert haben, mit dem der Hof eine Generation zuvor die Vermählung Amenophis' III. mit Teje bekannt gab: mittels eines Gedenkskarabäus (des sogenannten »Heiratsskarabäus«), auf dem nicht nur der Name der »Großen Königlichen Gemahlin Teje« eingraviert war, sondern gegen alle Etikette bei Hof auch die Namen ihrer »bürgerlichen« Eltern: »*Der Name ihres Vaters ist Juja, der Name ihrer Mutter ist Tuja.*«

Abb. 5: Königin Nofretete im Stil der Frühzeit

Die außergewöhnliche Nobilitierung von Tejes Herkunftsfamilie geschah gewiss nicht aus heiterem Himmel; sie war nur möglich, weil die verwandtschaftliche Verflechtung des Hauses Juja mit dem Geschlecht der Thutmosiden eine Vorgeschichte hatte. Vieles spricht dafür, dass es sich bei Mutemwia, der (Königs)Mutter Amenophis' III., um eine Schwester des Juja handelte. Wenn diese Abstammungslinie stimmt, dann war sie die erste Abgesandte des mächtigen Klans in das Königshaus. Anfänglich eine Nebenfrau König Thutmosis' IV., machte sie der Zufall (nämlich der Tod zweier älterer erbberechtigter Prinzen)

zur Mutter des Kronprinzen. Dieser Spross bestieg nach dem
plötzlichen Tod des Pharaos im zarten Alter von etwa sechs
Jahren als Amenophis III. den Thron Ägyptens und katapultier-
te damit seine Mutter in den Rang einer faktischen Regentin.
Im Vakuum der Macht ergriff Mutemwia, sicherlich mit Unterstützung einflussreicher Beamter und Militärs (darunter ihr
Bruder Juja, der als Chef der Streitwagentruppe über eine eigene Hausmacht verfügte) die Gelegenheit, den unverhofften
Machtzuwachs ihres Klans abzusichern und zu erweitern. Noch
im Kindesalter verheiratete sie ihren Sohn Amenophis mit ihrer
Nichte Teje. Sie war es also, die im sicheren Gefühl der Macht
die Stirn hatte, auf dem besagten Heiratsskarabäus Tejes Eltern
namentlich zu nennen. Zum zweiten Mal, so lautete die trium-
phale Geste, war eine Juja in das Königshaus der Thutmosiden
eingetreten, jetzt als Große Königliche Gemahlin.

Erst unter dem Blickwinkel der halbverwehten Spur einer dynastischen Machtverschiebung zugunsten des Juja-Klans wird
die brisante Entscheidungssituation verständlich, in der sich
Teje bei der Inthronisierung ihres Sohnes befunden hat. Als Königswitwe und Königsmutter ähnelt ihre Lage der ihrer Vorgängerin. Sie führt das Land als Regentin stellvertretend für ihren
minderjährigen Sohn; und wie Mutemwia, ihre Tante, entschei-
det sie sich dafür, dass der junge Thronfolger erneut eine Juja
zur Gattin erhält: Nofretete, die Tochter ihres Bruders Eje – der
seinerseits die beiden prestigeträchtigen Titel eines Schwieger-
vaters des Königs (»Gottesvater«) und »Vorstehers der Pferde«
auf sich vereinigte.

Teje hatte, wie gesagt, eine ungemein starke Stellung; aber die
Umlenkung der dynastischen Interessen des Hauses Juja in die
immer fester werdenden Bahnen einer neuen Thronfolge muss
auch für sie ein Kraftakt ohnegleichen gewesen sein. Zu deutlich war, dass sie mit ihrer Entscheidung für Nofretete als Königsgemahlin erneut die Karte der »bürgerlichen« Linie der Juja
ausspielte – zu Lasten der altehrwürdigen Tradition, welche die
Verheiratung des ältesten Königssohnes mit einer königlichen

DAS HAUS JUJA

Das einflussreiche Haus Juja stammte aus Achmim, einem (halb
zwischen Theben und Amarna gelegenen) kultischen Zentrum
des Fruchtbarkeitsgottes Min. Alle männlichen Abkömmlinge
des Juja-Klans waren wie selbstverständlich zunächst Min-Priester. Die spirituelle Kraft des Kultes wussten sie mit militärischer
Stärke zu verbinden. Dreimal in Folge standen Juja-Männer an
der Spitze des Streitwagenkorps, der Eliteeinheit des ägyptischen
Reiches. Zeitgleich und ebenfalls dreimal hintereinander stiegen
Töchter dieser Familie zu Frauen an der Seite der thutmosidischen Könige auf: Mutemwia, eine Nebenfrau Thutmosis' IV.
und spätere Königsmutter; Teje, die Große Königliche Gemahlin
Amenophis' III.; Nofretete, Große Königliche Gemahlin Amenophis' IV.-Echnaton.

Nofretete gelang als erster Juja-Königin der Sprung an die
Spitze der Staatsmacht. Noch zu Lebzeiten ihres Gatten stieg
sie zur Mitregentin auf, um nach dessen Tod schließlich selbst
den Thron zu besteigen. Mit ihrem Herrschaftsantritt, hier vor
allem mit der Einfädelung einer diplomatischen Heirat mit einem hethitischen Prinzen, stand Ägypten praktisch vor einem
Dynastiewechsel, der jedoch durch ihren Sturz vereitelt wurde. Nach dem Interregnum der Könige Semenchkare und Tutanchamun, den beiden letzten Thutmosiden, bestieg mit Eje,
Nofretetes Vater, der erste männliche Repräsentant des Hauses Juja den Thron. Die Nachfolgeregelung zugunsten seines
Sohnes Nacht-Min wurde durch Haremhab, einen ranghohen
Militär, der die Macht an sich riss, zunichte gemacht. Aber
selbst der neue Soldatenkönig, der den Aufstieg des Hause
Juja jäh beendete, sah sich genötigt, seine Macht durch die
Verheiratung mit Mutnedjmet, einer Schwester der Nofretete,
zu legitimieren. Als letzte Königliche Gemahlin der 18. Dynastie beschließt Mutnedjmet damit die eindrucksvolle Reihe der
Juja-Herrscher(innen).

Erbprinzessin vorsah.[7] Mit Satamun, der älteren Schwester von
Amenophis IV., stand eine Kandidatin für eine traditionelle Ge-
schwisterheirat bereit. Ihre Person hatte Gewicht und mächtige
Fürsprecher an ihrer Seite. Amenophis III., der königliche Vater,
hatte Satamun in der Geschwisterfolge eindeutig bevorzugt. Er
erhob seine älteste Tochter zur Großen Königlichen Gemahlin,
der im Königspalast von Malqata eine eigene Domäne zustand,
und legte die Fürsorge für sie in die Hände seines wichtigsten
Beraters und Beamten, des namensgleichen Amenophis, Sohn
des Hapu. Dieser große weise Mann, dem die unvergleichliche
Ehre eines eigenen Totentempels zuteil wurde und der in späterer Zeit zum Gott aufstieg, war gewiss ein nicht zu unterschät-
zender Parteigänger. Er dürfte sich der Unterstützung durch die
argwöhnisch gewordene Amunpriesterschaft sicher gewesen
sein. Ob es allerdings zu einem offenen Machtkampf zwischen
der Partei der Traditionalisten um Satamun und der Partei der
Juja um das mächtige Geschwisterpaar Teje und Eje gekommen
ist, darüber schweigen die Quellen. Es wird sich indes zeigen,
dass die Stunde der Satamun, die das Spiel um die Macht zu
diesem frühen Zeitpunkt scheinbar schon verloren hatte, noch
kommen sollte.

Um Nofretete als Königsgemahlin durchsetzen zu können,
war eine starke religionspolitische Legitimierung unabdingbar.
Selbst der unangefochtene Amenophis III. hatte es für nötig befunden, seine Mutter Mutemwia noch im Nachhinein zu erhöhen. An den Wänden des von ihm errichteten Luxor-Tem-
pels ließ er den alten Mythos von der Geburt des Gottkönigs
neu ins Relief treten und in ihm seine bürgerliche Mutter zur
»Gottesgemahlin des Amun« aufsteigen. Nach Lage der Dinge
– der zunehmenden Privilegierung solarer Gottheiten und der
wachsenden Spannung mit der Amunpriesterschaft – war dies
kein gangbarer Weg mehr. In dieser Situation mochte es Teje
als eine Verlockung erschienen sein, Nofretete im Rahmen der
konkurrierenden Sonnentheologie ihrerseits zu nobilitieren –
und damit den neu aufbrechenden Makel der »bürgerlichen«

Herkunft der Juja-Königinnen ein für alle Mal zu tilgen. Gerade Thutmosis IV. und Amenophis III. hatten sich ja als Förderer der Aton-Theologie erwiesen und so den Boden für eine noch weiterführende Religionspolitik vorbereitet. War es Tejes Absicht, diesen neu eröffneten Raum zu nutzen und Nofretete auf den Wänden des geplanten Obeliskentempels als Göttin zu erhöhen, ganz so, wie es ihr verstorbener Gatte unter anderen Umständen in Luxor mit ihrer Tante Mutemwia vorgemacht hatte? Dann wäre die knapp dreijährige Wartezeit der Nofretete tatsächlich nicht zufällig mit der ersten Bauphase von drei Jahren zusammengefallen. Wir hätten zu begreifen, dass das gewaltige Bauprogramm in erster Linie dazu diente, Nofretete für ihren ersten, alles entscheidenden Auftritt eine grandiose Bühne zu verschaffen, auf der sie sich vor den Augen der Eliten des Landes in der unangreifbaren Doppelrolle als Königin und Göttin zeigen sollte.

1. Szene: Die Herrin des Obeliskentempels

Der Schauplatz des Geschehens, der nach seiner Fertigstellung in bester heliopolitanischer Tradition *Hut-benben* (»Haus des Benben-Steines«) genannt wurde, war das spirituelle Zentrum einer riesigen Tempelanlage im Osten von Karnak. Zu ihr zählten neben dem Obeliskentempel die Tempel *Gempaaton* (»Der Aton ist gefunden«), *Rud-menu* (»Andauernd in den Denkmälern«) und *Tenj-menu* (»Verherrlicht in den Denkmälern«). Bei seiner Wiederentdeckung war der Tempelbezirk, zu dessen ungewöhnlich schneller Errichtung einst die Manpower des ganzen Landes in Anspruch genommen worden war, völlig verwüstet. Den gewaltigen Obelisken, der im Rücken des alten Amuntempels vierunddreißig Meter in die Höhe geragt hatte, gab es nicht mehr (Abb. 6).[8] Vom Haus des Benben-Steins, das Tejes Bauleute um ihn herum gebaut hatten, war außer rudimentären Fundamenten praktisch nichts mehr vorhanden. Sein Geheimnis steckte zu

Abb. 6: Der Lateran-Obelisk nach einer Radierung von Piranesi

großen Teilen in den sogenannten *Talatat*: handlichen Sandstein-
blöcken, die in der Vor-Amarnazeit im Zuge einer innovativen
Bautechnik zum ersten Mal verwendet wurden und von den Pharaonen der Nach-Amarnazeit als Abrissmasse für neu zu errich-
tende Tempelgebäude wieder verbaut worden waren – als bloßes
Füllmaterial versteht sich. So unbeabsichtigt erhalten geblieben,
fielen sie den späteren Ausgräbern zu Zigtausenden in die Hände. Mitte der 60er Jahre begann das amerikanisch geführte Projekt einer Rekonstruktion der frühen Aton-Tempel von Karnak
(»Echnaton-Tempel-Projekt«) damit, die einzelnen Elemente systematisch zu bergen und computergestützt nach Art eines Puzzle
passgenau zusammenzusetzen. In mühevoller Kleinarbeit wurde
es so möglich, zunächst einzelne Szenenfolgen zu rekonstruieren
und nach und nach ganze Tempelwände neu entstehen zu lassen.
Große Teile des Dekorationsprogramms des untergegangenen
Tempelkomplexes sind auf diese Weise wieder sichtbar gemacht
worden. Sie geben Zeugnis davon, wie die Thebaner Jahre nach
verhaltenem Beginn – man ist versucht zu sagen: nach Ablauf
einer dreijährigen Inkubationszeit – in eine jähe Kulturrevolution
umschlugen.

Nimmt man die Bildfolge in Augenschein, so werden die Erwartungen hinsichtlich der Rolle Nofretetes nicht nur erfüllt,
sondern in schier unglaublicher Weise noch übertroffen. In den
Reliefs der zutage geförderten Talatat tritt eine einzige königliche Person in Erscheinung, Nofretete, die junge Königin. Sie allein vollzieht in unzähligen Variationen vor den Opfertischen
die heiligen Riten im Kult des Re-Harachte-Aton (Abb. 7). Nofretetes erster Auftritt ist nichts anderes als ein Paukenschlag,
denn sie steht da, wo der König stehen sollte. Seit unvordenkli-
chen Zeiten war der Pharao nicht nur der Bauherr neuer Tempelanlagen, sondern zugleich die einzig theologisch legitimierte
Person, die mit den Göttern in Kontakt treten konnte und gehalten war, die göttliche Weltordnung (ägyptisch *Maat*) durch einen nie versiegenden Strom ritueller Handlungen in Gang zu
halten. Dass eine junge Frau von nicht-königlicher Herkunft,

die durch Einheirat die Stellung einer königlichen Gemahlin eben erst eingenommen hatte, aus dem Stand heraus in diese einzigartige Rolle zu schlüpfen vermochte, war in der langen Geschichte des Alten Ägypten ohne Beispiel. Diesen eklatanten Bruch mit der heiligen Ordnung müssen die traditionalistischen Machteliten nicht nur als Affront, sondern als Kampfansage empfunden haben. Das heißt aber auch, Nofretete war keineswegs *everybody´s darling*, sondern mit ihrem ersten Auftreten eine äußerst umstrittene Person.

Eine erste Erklärung für das auffällige Fehlen des Königs im Dekor des Obeliskentempels wird durch ein ikonographisches Detail, den Kopfputz der Königin, nahegelegt. Nofretete trägt die aus Sonnenscheibe, Kuhgehörn und Doppelfeder zusammengesetzte Krone der Hathor, der göttlichen Begleiterin des Sonnengottes. Auf mehr als zwei Dritteln aller Abbildungen ist die Hathorkrone ihre bevorzugte Kopfbedeckung. Die Gestalt der mythischen Gottheit ist also das passgenaue Kleid, in dem Nofretete ihren allerersten Auftritt absolviert. Schon diese Schlüsselszene zeigt uns die irdische Gemahlin des Königs mit dem Abzeichen der Vergöttlichung versehen und damit den irdischen Dingen enthoben. Dieser außergewöhnliche Aufzug verrät eindeutig die Handschrift der Teje. Ihr weiter oben abgebildeter Statuenkopf kann als Indiz herangezogen werden. Wie Forschungen ergeben haben, wurde dieser Kopf noch zu ihren Lebzeiten (möglicherweise unmittelbar nach dem Tod Amenophis' III.) umgestaltet. Ursprünglich war eine Haube mit goldenen Ohrringen, seitlichen Uräusschlangen sowie zwei Stirnschlangen sichtbar: die Tracht der Großen Königlichen Gemahlin. Bei der Überarbeitung wurde diese Haube samt Beiwerk von einer zweiten, mit blauen Fayenceperlen bestickten Haube überdeckt, auf die dann eine Doppelfederkrone mit Kuhgehörn und Sonnenscheibe aufgesetzt wurde (Abb. 8). Der neue Status der (die Hathorkrone tragenden) Teje darf – vor allem mit Blick auf ihren vergöttlichten Gemahl, der sich als »strahlender Aton« verehren ließ – getrost mit »Gottesgemahlin des Aton«

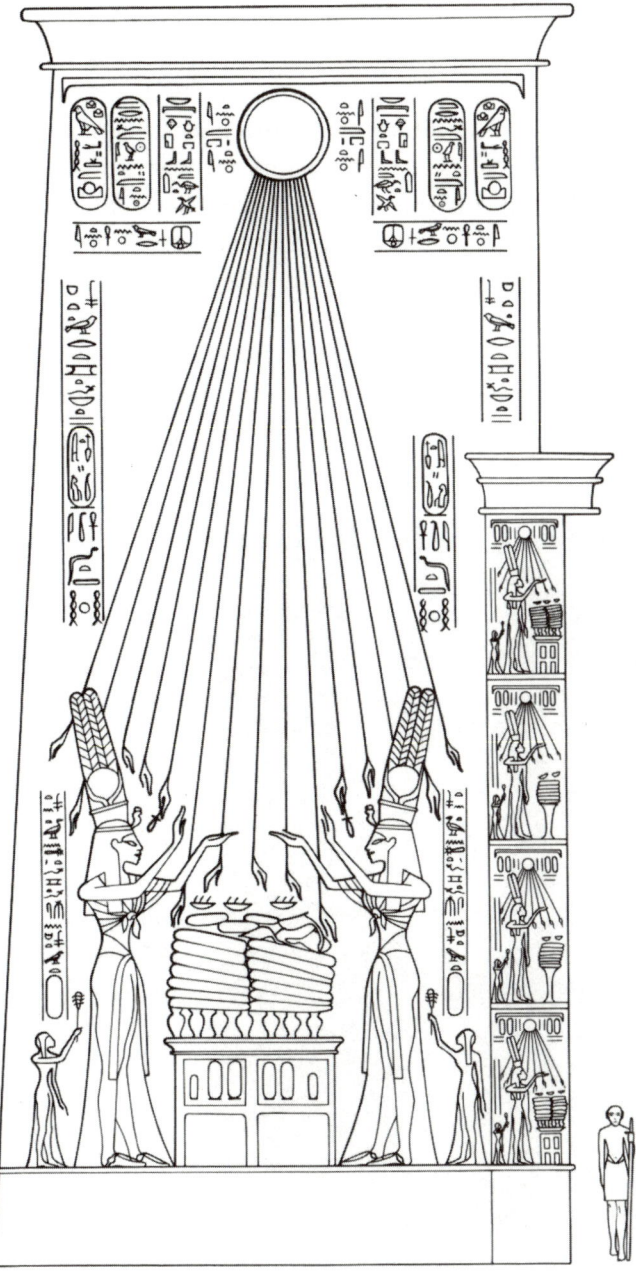

Abb. 7: Nofretete beim Opfer im Haus des Benben-Steins

umschrieben werden (auch wenn der Titel so nicht belegt ist).
Ganz offensichtlich ist die solchermaßen erhöhte Teje das Vorbild für die mit den gleichen ikonographischen Mitteln vorge-
nommene Statuserhöhung der Nofretete. Erkennbar wird hier
eine der lange übersehenen Traditionslinien der Juja-Königinnen, die sich in Amarna mit dem Tragen der bunten Krone fort-
setzen sollte – eben jener abgeflachten »Perücke« der Berliner
Büste, die Nofretete berühmt machte, aber wiederum Königin
Teje als Erste trug. An dieser Stelle interessiert freilich zunächst
der Unterschied: Während sich Teje ihren privilegierten Status über eine mehrere Jahrzehnte andauernde Koregentschaft
gleichsam erarbeitet hat, fällt er Nofretete so plötzlich wie un-
verdient in den Schoß.

*Abb. 8: Königin Teje
mit Hathorkrone*

Die Gestalt des Gottes, dem Nofretete opfert, birgt die zweite
Überraschung. Die traditionelle Darstellung des Sonnengottes
als falkenköpfiger Mann mit der Sonne auf dem Kopf ist einem
neuen eindrucksvollen Symbol gewichen: einer hoch am Himmel stehenden Sonnenscheibe, deren weitausgreifende Strahlen
in menschliche Hände auslaufen. Die neue Formensprache ver-
knüpft die beiden Fäden von Sonnenvorstellung (der kosmischen
Realität des Gestirns) und traditionellem Sonnenglauben (an
den göttlichen Vater Re und der Sohnschaft des Königs) auf eine
originelle, künstlerisch geniale Weise. Einerseits wird die solare
Gottheit mit der Preisgabe der Falkenmetapher abstrakter: aus
der geflügelten Sonne wird die strahlende Scheibe, an die Stelle
der aufgefächerten Federn tritt der Strahlenfächer. Andererseits
wird der Sonnengott aber auch menschlicher: Aton trägt den
königlichen Uräus nicht länger seitlich, sondern frontal nach
Art der Stirnschlange Pharaos; eine versteckt anthropomorphe
Formengebung, welche die Sonnenscheibe in einen (Götter-)
Kopf verwandelt, der in Vorderansicht zu denken ist; ein Eindruck, der durch die Stilisierung von Strahlenarmen und Got-
teshänden verstärkt wird. Der Vergöttlichung der Königin (!)
korrespondiert eine wie immer schemenhafte Vermenschlichung
des Gottes.[9] Die innige Bezogenheit von Aton und Nofretete aufeinander bringt einen völlig neuen Beziehungsaspekt der
Sonnenreligion zur Geltung. Das Privileg der exklusiven Vater/
Sohn-Beziehung zwischen Re-Aton und dem Pharao ist durchbrochen. Nach Teje präsentiert sich mit Nofretete eine zweite
Frau als gleichberechtigtes Mitglied der Heiligen Aton-Familie.
    Einige von den Sonnenhänden halten der Königin das henkel-
kreuzartige Symbol für »Leben« (ägyptisch *anch*) an die Nase;
ein Zeichen dafür, dass der Gottesatem in sie eingegangen ist
und ihr Leben auf ewig erhalten möge – aber auch der Verpflichtung, das von Aton gewährte Heil an die Menschen (die keinen
eigenen Zugang zur Gottheit haben) weiterzugeben. Im licht-
erfüllten Atemfeld des neuen Gottes steht Nofretete deshalb als
ein göttliches Wesen, das eine Sendung, eine Berufung erfährt

– und deshalb anders gerufen werden will. Ihr Name, der soviel
bedeutet wie »Die Schöne ist gekommen«, bedarf der Ausdeu-
tung und Ergänzung. Und tatsächlich belegen die Textpassagen
der Reliefs, dass sich das bemerkenswerte *Making of* der jungen
Königin am markantesten in einer vielsagenden Namensänderung niedergeschlagen hat. Lange bevor ihr Mann seinen alten
Geburtsnamen Amenophis aufgab und sich Echnaton (»Geist
des Aton«) nannte, legte sich Nofretete einen neuen Namen
zu. Er lautet auf Nefer-neferu-aton (»Schön ist die Schönheit
des Aton«). Ein theophorer Name also, der besagen will: Die
Schöne, die gekommen ist, ist schön durch die Schönheit des
Aton. Unter ihrem neuen Namen erscheint Nofretete (die diesen
kürzeren Namen übrigens weiterhin beibehält) als Abgesandte,
mehr noch als Geliebte des lebenden Aton. Auf einem der erhaltenen Talatat-Blöcke ist diese Nähe und Verbundenheit in einem
atemberaubenden Bild festgehalten: wir sehen, wie zwei Gottes-
hände die Taille der Nofretete umfassen (Abb. 9).

*Abb. 9: Die Geliebte des Gottes: Nofretete von den Strahlenhänden
Atons umarmt*

Eine entsprechend zärtliche Umarmung zwischen Gott und
Königin wäre im Luxortempel (dort zwischen Amun und Mutemwia) noch völlig undenkbar gewesen; und wenn es später
in Amarna von der Königin heißen wird, sie stehe durch ihre
süße Stimme in der Gunst Atons, dann ist das nur mehr ein

Abglanz jener unbändigen erotischen Kraft, wie sie in Karnak beim Gründungsakt der Heiligen Aton-Familie zum Zuge kam. Der neue Gott ist auch ein sinnlicher Gott – und als solcher möglicherweise ein eifersüchtiger und eifernder Gott. Soviel im Vorgriff auf das Gewaltpotential, das im Gottesstaat von Amarna entbunden werden sollte.

Parallel zur Namensänderung der Königin ist der Name des neu geschaffenen Sonnengottes geändert worden – zwar nur marginal, aber doch signifikant. Als Lebensgott trägt er das *Anch*-Zeichen nun selber in seinem Namen, der fortan nach Art eines Königs in Kartuschen eingeschrieben ist: *(Lebender Re-Harachte, der im Horizont jubelt), (in seiner Gestalt als Licht, das der Aton ist)*. Auch visuell ist das *Anch*-Zeichen präsent. In den Reliefs ist es der Uräusschlange, die Aton beschützt und ein weiteres Mal als Herrscher auszeichnet, um den Hals gehängt. Damit ist das Emblem der Himmel und Erde beherrschenden Strahlensonne komplett, ein Ikon von hohem Wiedererkennungswert. Jahre vor Amarna sehen wir an den Wänden des ersten Sonnentempels von Karnak den Wiegendruck der Atonreligion. Und es ist Nofretete, die erste Liebe Atons, die den gewandelten Gott in dem ihm geweihten Heiligtum empfängt. Als Herrin des Obeliskentempels feiert sie ihr *coming out* als lebendige Tochter des lebenden Aton und neue Königin von Ober- und Unterägypten. Ein aufsehenerregender Befund, der es verdient, rückblickend von einem »Nofretete-Tempel-Projekt« zu sprechen.

Wie berechtigt es ist, diese Bezeichnung vorzuschlagen, zeigt der Blick auf einen zweiten Gebäudekomplex, der sich höchstwahrscheinlich von Westen her an den Amun-Tempel anschloss. Hier, am (zum Nil hin gelegenen) Haupteingang des heiligen Bezirks, ließ die Regierung einen gewaltigen Pfeilerhof errichten, der offensichtlich eine von Amenophis' III. errichtete (aber unvollendet gebliebene) Säulenkolonnade in ähnlicher Weise einschloss, wie das Haus des Benben-Steins den großen Obelisken Thutmosis' IV. Die quadratischen Pfeiler, die bei einer Seitenlänge von gut zwei Metern nahezu zehn Meter hoch waren, hatten

eine einheitliche Struktur: eine der Seitenflächen war in vier
gleichgroße Register unterteilt, während die anderen drei eine
durchgehende Relieffläche aufwiesen. Von geschätzten dreißig
Pfeilern konnten aus dem vorhandenen Talatat-Material zwölf
rekonstruiert werden; sie versetzten die beteiligten Forscher ein
ums andere Mal in ungläubiges Staunen. Das Reliefdekor der
lang durchlaufenden Flächen nicht anders als das der in vier
Felder aufgeteilten Seiten wartete mit der gleichen Überraschung
auf, welche die Tempelwände des Hut-benben als erste parat
hielten. Wie dort tritt auch hier einzig und allein Königin Nofretete in Erscheinung, um im magischen Kraftfeld der Strahlensonne die Riten zu vollziehen (Abb. 10). In sich schier endlos
wiederholenden Szenen steht sie, stets in fließende und durch-
sichtige Gewänder gehüllt, an den Opfertischen, um Aton wahlweise wohlriechenden Weihrauch oder eine erquickende Trank-
spende darzubringen, erlesene Früchte oder köstliches Brot
anzubieten, duftende Blumengirlanden zu überreichen – oder
mit dem Schütteln des Sistrums das Geräusch fallender Papyrus-
blüten klangvoll nachzuahmen.

Die »Nofretete-Pfeiler« – wie der gewaltige Kolonnadenhof
in der Literatur kurz und treffend genannt wird – belegen ein
zweites Mal die ungeheure Präsenz der Königin im neu errichteten Tempelbezirk von Karnak. Diese Tatsache ist jedoch nicht
so zu verstehen, als würde König Amenophis komplett durch
Abwesenheit glänzen. Das ist selbstverständlich nicht der Fall.
In den drei anderen Tempelanlagen, deren Namen bereits fielen, ist Amenophis IV. in Schrift, Bild und Skulptur stark, teilweise massiv, vertreten. Dies gilt insbesondere für den Großen
Aton-Tempel *Gempaaton*, ein Gigant unter den Bauten, der mit
einer Länge von über 600 m und einer Breite von über 200 m
alles in den Schatten stellte, was bis zu diesem Zeitpunkt in
Karnak gebaut worden war.[10] Zu den bekanntesten Details
dieser Anlage zählen die Kolossalstatuen des Königs, die einst
den am westlichen Ende des Tempels befindlichen Peristylhof
zierten. Mit ihren extremen Verzerrungen von Körperteilen

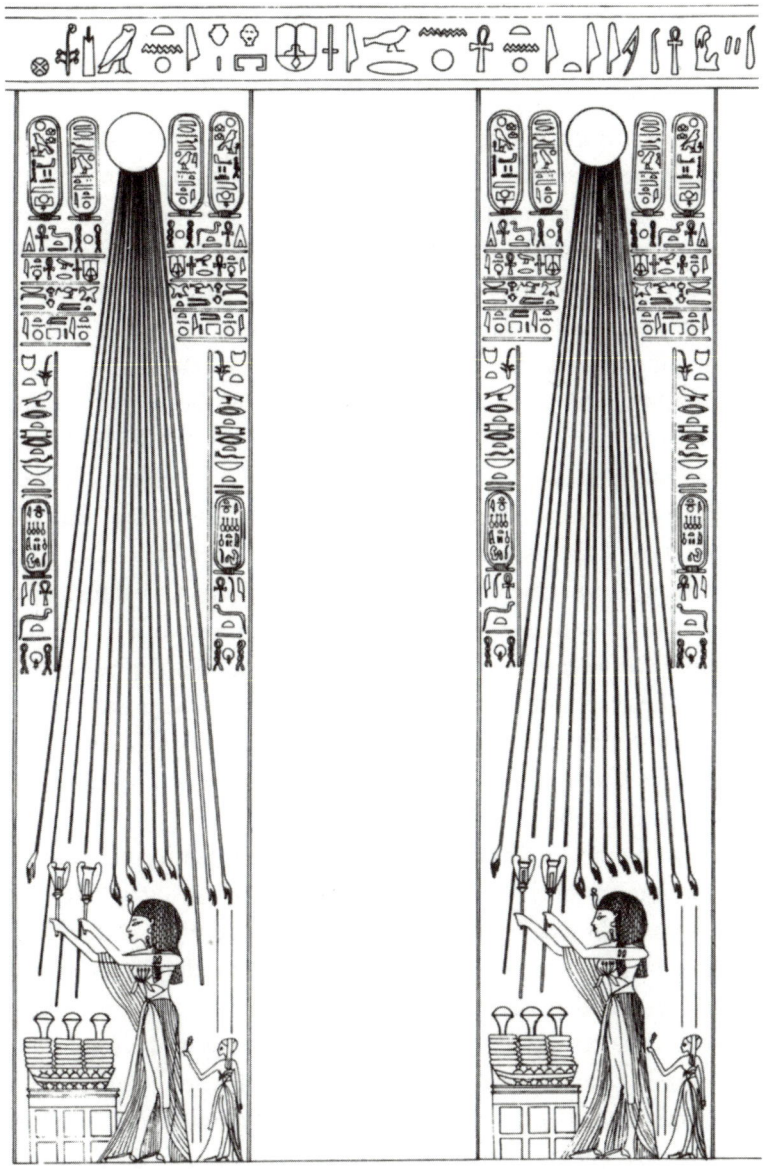

Abb. 10: Zwei der »Nofretete-Pfeiler« am Westzugang des Amun-Tempels von Karnak

und Gliedmaßen Amenophis' IV. sind diese Statuen Musterbei-
spiele des revolutionären Stils der Frühzeit. Aber auch ikono-
graphisch sind sie interessant, denn sie verweisen ein weiteres
Mal auf die Bedeutung der heliopolitanischen Schöpfungslehre für die neue Religionspolitik. Die Statuen zeigen den König
nicht nur mit der Doppelkrone des Herrschers von Ober- und
Unterägypten, sondern abwechselnd mit der an ihren Federn
kenntlichen Kopfbedeckung des (Luft-)Gottes Schu. Auch er
tritt also, wie nicht anders zu erwarten, in der Doppelrolle als
weltlicher König und solarer Gott auf. An Ort und Stelle haben sich auch Kolossalstatuen von Nofretete gefunden, die sie
konsequenterweise als Tefnut darstellen, der Feuergöttin[11] und
Zwillingsschwester des Schu. Nach der alten Lehre hat Atum,
der androgyne Schöpfergott, Schu und Tefnut durch einen Akt
der Selbstbegattung hervorgebracht, als er die beiden »in Heliopolis gebar, als er Einer war und zu Dreien wurde«. Ein solarer Urknall gewissermaßen, der Luft und Licht in die Welt
brachte und im neu eröffneten Raum zwischen Himmel und
Erde das Leben erst möglich machte. Zusammen bilden der ur-
gestaltige Sonnengott Atum und seine beiden Kinder Schu und
Tefnut die erste göttliche Triade. Die Annahme liegt nahe, dass
die Architekten des neuen Sonnenkults von Karnak die Trias
von Aton-Amenophis-Nofretete nach diesem alten mythischen
Bild geformt haben.

Als göttliche Vorbildpersonen imponieren Schu und Tefnut,
die zweigeschlechtlichen Zwillinge, durch Ebenbürtigkeit, die
man – im Licht der Tradition ungewöhnlich genug – in den Darstellungen des Königspaares glaubt wiederfinden zu müssen.
Aber was für den Tempel *Gempaaton* zutrifft, gilt eben nicht
generell. Die erwartete Parität zwischen König und Königin ist
nur einseitig sichergestellt. Immer wenn Amenophis auftritt, ist
sein weibliches Pendant Nofretete zur Stelle, wie dies – um ein
weiteres Beispiel zu nennen – beim Ritual »Die Erde Küssen«
der Fall ist. Als Höhepunkt dieser Form der Gleichstellung ist
zweifellos eine aus dem Tempelbezirk südlich herausführende

Sphinxallee zu betrachten, in der sich König Amenophis IV. und Königin Nofretete in der Gestalt menschenköpfiger Sphingen abwechselten (und die Tutanchamun später in Widdersphingen zu Ehren des Amun umwandeln ließ). Umgekehrt hat Nofretete zahlreiche große Auftritte ohne ihren Gemahl. Wie gesehen, tritt der König im Dekor des Obeliskentempels, des Zentralheiligtums der gesamten Anlage wohlgemerkt, überhaupt nicht in Erscheinung. Sein Fehlen an diesem Ort wird aber gerade nicht, wie doch zu erwarten wäre, an anderer Stelle ausgeglichen. Es gibt keinen vergleichbaren Tempel, auch keinen mit den Nofretete-Pfeilern konkurrierenden Bau, der nur ihm zugeteilt wäre. Der irritierende Tatbestand lautet: König Amenophis IV. ist in dem in seinem Namen errichteten Tempelkomplex unterrepräsentiert. Bezogen auf das gesamte Bauprogramm der Thebaner Jahre ist die Königin aus dem Hause Juja nahezu doppelt so häufig dargestellt wie ihr Gemahl. An Stelle des gottgleichen Pharao ist die vergöttlichte Königin die dominante Figur. Es lohnt sich, einige der wenig bekannten Details dieses dramatischen Gefälles zugunsten Nofretetes vorzustellen.

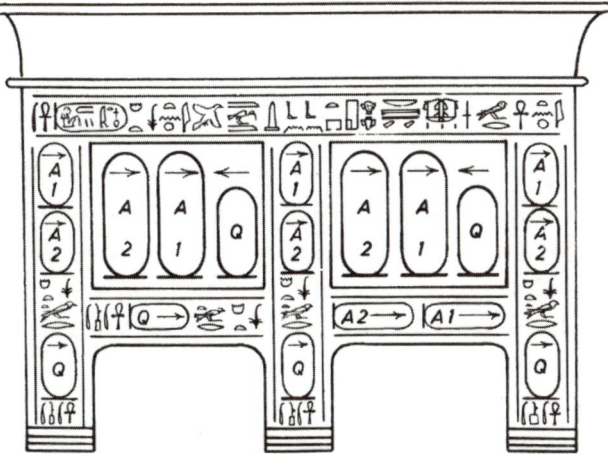

Abb. 11: Einer der Opfertische mit den Kartuschen von Gott und Königin (A = Aton, Q = Queen, die Pfeile geben die »Blickrichtung« der Schrift an)

Opfertische

In den Talatat tauchen nicht weniger als elf verschiedene Opfertische auf, die nach Größe und Ausstattung variieren (Abb. 11).
Auf der Vorderseite geben der Gottesname (Aton) und die königlichen Namen, sämtlich in Kartuschen eingeschrieben, Auskunft
über die Gottheit, der geopfert werden soll, sowie über den jeweiligen Besitzer des Tisches und Zelebranten der Opfergaben. Eine
erste Zählung ergab folgendes Resultat: Nofretetes Name allein
fand sich auf 67 Tischen, darunter die am aufwendigsten dekorier-
ten; die Namen von Nofretete und Amenophis zusammen standen
auf 13 Tischen; nur 3 Tische trugen allein den Namen des Königs.

Opfertisch-Statuetten

Auf vielen Opfertischen finden sich die Statuetten der Besitzer auf-
gestellt; ihre Höhe schwankt zwischen 6 cm und 72 cm. Insgesamt
wurden 63 Nofretete-Statuetten gezählt, darunter die sechs größten, gegenüber 38 Statuetten, die König Amenophis darstellen. Elf
weitere Statuetten waren nicht eindeutig zu identifizieren.

Große Pylon-Figuren

Mehreren separaten Pylonen (den großen Tempeleingangstür-
men) lassen sich übergroße Relieffiguren des Königs und der
Königin zuordnen, die durch entsprechend überdimensionierte
Kartuschen gekennzeichnet sind. Auf Nofretete entfallen 43,
auf Amenophis 34 dieser Figuren. Allerdings sind die Pylon-Figuren des Königs erheblich höher; sie bilden drei Gruppen mit
einer Höhe von je 8,55 m, 10,65 m und 12,75 m, gegenüber
3,50 m, 4,50 m und 5,30 m bei Nofretete. Umgekehrt übertref-
fen die Pylon-Figuren Nofretetes die ihres Gemahls an Expressivität und Ausschmückung.

Beidseitig dekorierte Talatat

Die Talatatblöcke wurden im Steinbruch von Gebel Silsile in
der Normgröße von ca. 50 cm Länge und je 25 cm Breite und
Höhe gebrochen (was einer bzw. einer halben ägyptischen Elle

entspricht). In der Regel wurden sie so verbaut, dass nur die vordere Fläche reliefiert und bemalt wurde. Einige wenige Wände von 25 cm Dicke wurden jedoch beidseitig dekoriert, bemerkenswerterweise nur mit Szenen der Königin.

Die Zurücksetzung des Königs – das geht aus dem skizzenhaften Überblick deutlich hervor – steckt auch im Detail. Damit bestätigt sich eine Tendenz, die zunächst bei der Ungleichverteilung der großen Tempelbauten auffällig geworden war. Mit Blick auf die heilige Trias von Aton-Amenophis-Nofretete, die dem Königspaar in der Nachfolge des mythischen Paares Schu-Tefnut absolute Parität zu verbürgen schien, bedeutet dies, dass der Einfluss dieser religionspolitischen Vorlage in der Realität der Politik eingeschränkt blieb. Die mit den Fäden alter Sonnentheologie gewobene und mit der Kraft einer neuen Bildästhetik ausgestattete Aton-Religion war augenscheinlich eine grandiose Inszenierung symbolischer Politik. Nicht alle Akteure auf dieser Bühne hatten auch realpolitisch das Sagen. Dies lag vielmehr bei der Troika aus dem Hause Juja: Teje, Eje und Nofretete (in dieser Reihenfolge). Amenophis, der anders als Nofretete keinen religionspolitischen Schub nötig hatte, stand anfangs gleichsam in der zweiten Reihe.

2. Szene: Die Lenkerin des Streitwagens

Das quantitative Übergewicht, das Nofretete bei der Belegung von Bauten und Reliefflächen, bei Zählung und Einstufung von Opfertischen und Statuetten, Pylon-Figuren und Extra-Talatat erzielt, findet seine Bestätigung und Ergänzung im Qualitativen. Zu beobachten ist die schrittweise Verschiebung des traditionellen Grenzverlaufs männlicher und weiblicher Einflusssphären in Kult und Politik zugunsten der Königin; eine Bewegung, die über drei Etappen verfolgt werden kann. Zunächst kommt es zur vereinzelten Einnahme von Positionen und Handlungen,

die ursprünglich männlich definiert und dominiert waren. So-
dann fällt die Innenwelt der eingenommenen Bastionen einer
weiblichen Kolorierung anheim, so dass immer mehr beteiligte
Akteure und Dinge gleichsam ihre Farbe wechseln. Am Ende
schlägt die zwischenzeitliche Parität mit der vormals männlichen Welt in weibliche Vormacht um, die sich flächendeckend
und feinnervig in Körpersprache und Gestik, Mode und Perfor-
mance, Schriftbild und Kunststil niederschlägt.

Ein exquisit männliches Motiv, das sich im Verlauf der 18.
Dynastie zu einer Ikone pharaonischer Macht entwickelt hat,
ist das Bild des Königs als Streitwagenkämpfer. Es taucht auf
bei den Ahmosiden, den Hyksos-Befreiern, die nur mit der
Übernahme der (ursprünglich hurritischen) Streitwagenkultur
in der Lage waren, den asiatischen Feind aus Ägypten zu ver-
treiben; es erfuhr dann unter den ersten Thutmosiden, in deren
Ägide die Befreiungskämpfe in Eroberungsfeldzüge umschlugen, einen ersten propagandistischen Höhepunkt, um später in
der Epoche der Ramessiden mit ihren Kriegen gegen die Hethiter und Seevölker ein großartiges Revival zu erleben.

Die Regierung von Amenophis IV.-Echnaton war alles andere als kriegerisch[12] und doch hat keine andere Zeit so viele Darstellungen von Wagenfahrten überliefert wie gerade diese. Der
scheinbare Widerspruch löst sich auf, wenn die Bedeutungsum-
kehr verstanden wird, die in dieser Ära stattgefunden hat. Der
von einem Pferdepaar gezogene Wagen erscheint jetzt nicht länger als Streitwagen im Kampf oder bei der Jagd, sondern als
eine Art Sportgefährt der Royals, angesagt nicht nur für offizielle Fahrten mit kultischem Hintergrund, sondern auch für
Landpartien. Und dieses Vorbild macht Schule. Bald wird der
eigene Wagen auch für die Vornehmen und Eliten des Landes
zu einem begehrten Prestigeobjekt. Hohe Beamte fahren mit
ihm zur Inspektion auf die Felder, verdiente Militärs zur Audi-
enz am Hof, um Ehrengold in Empfang zu nehmen. Erinnern
wir daran, dass schon die thutmosidische Spätkultur unter
Amenophis III. den gesteigerten Drang nach raffiniertem Ge-

DAS SED-FEST: JUBILÄUM DES ATON

Das traditionsreiche Erneuerungsfest königlicher Herrschaft (das sogenannte »Sed-Fest«) wurde für gewöhnlich im 30. Regierungsjahr des Königs gefeiert und dann in kürzeren Abständen von drei, vier Jahren wiederholt. So hat es noch Amenophis III. gehalten, der drei Sed-Feste (im 30., 34. und 37. Jahr seiner Regierung) beging. Scheinbar unabhängig von diesem Zeitrahmen feierte Amenophis IV. schon im Jahr 3 sein erstes Jubiläumsfest im neu errichteten Tempelbezirk von Karnak.

Die Sed-Fest-Reliefs an den Wänden des größten Tempels, des *Gempaaton*, klären darüber auf, dass der junge König das Fest in Wahrheit in Vertretung des neuen Sonnengottes beging. »Aton, der im Jubiläum ist«, lauten die entsprechenden Beischriften, so als wäre der Gott der eigentliche König. Der Schlüssel zum Verständnis dieser neuen Konstellation im Kult der Sonnenscheibe liegt in der solaren Vergöttlichung Amenophis' III., der noch zu Lebzeiten seinen Thronnamen in die solare Formel »Nebmaatre ist der strahlende Aton« einschreiben ließ. Nach seinem Tod wurde er mit der Sonnenscheibe vereinigt. Das heißt, Aton und Amenophis III. waren ein und derselbe – so ununterscheidbar wie die Aussprache von *Jati* (Aton) und *Jat-i* (Vater). In gewissem Sinn feierte Amenophis IV. also das vierte Sed-Fest seines Vaters, andererseits das erste der neuen Zeitrechnung des Aton-Kults. Das Jubiläum von Karnak war das Gründungsfest der Heiligen Aton-Familie, zu der das Geschlecht der Thutmosiden und das Haus Juja verschmolzen. Mit Aton-Nebmaatre an der Spitze, ihm zur Seite Königin Teje als Gottesgemahlin, dahinter die solaren Gotteskinder Schu-Amenophis und Tefnut-Nofretete und nachfolgend die Töchter der beiden sowie alle weiteren Abkömmlinge aus den inzestuös durchlässigen Beziehungen der Familienmitglieder untereinander.

nuss zum Leitmotiv der Zeit erklärt – und vorgelebt hat. So waren die Sed-Feste des Königs über den rituellen Kern der Erneuerung pharaonischer Macht hinaus auch pralle Feste fürs Leben. Der Kitzel der offenen Wagenfahrt mit dem Rausch der Geschwindigkeit avancierte zum Momentum einer neuen Leichtigkeit des Seins. Echnaton, der religiös Virtuose, scheint das Gefährt zusätzlich als Sonnenwagen verstanden zu haben, auf dem er den schnellen Lauf seines himmlischen Vaters Aton nachahmen konnte. Ein ägyptischer Helios, aber auch ein Dandy, dessen Auftritte unter dem hypnotischen Schutz der Strahlenhände zusehends den Charakter einer kreatürlichen Leichtsinnigkeit annahmen.

Immer wieder sehen wir Echnaton, wie er in lässiger Manier das mit einem prächtigen Federbusch geschmückte Pferdegespann lenkt, an seiner Seite die ihm liebevoll ergebene und wie bewundernd zugewandte Gattin, manchmal den Mund zum Kuss gespitzt: So war Amarna typischerweise bebildert, wohin das Genre der Wagenszenen landläufiger Meinung nach auch hingehört. Aber ein weiteres Mal spielten die Anfänge nicht hier, sondern in Theben. Talatat vom Tempel *Rud-menu* zeigen uns die ersten Abbildungen; es sind erstaunlich viele und sie präsentieren ein anderes Bild. Wir sehen unter anderem einen Großeinsatz von Pferdegespannen, der königliche Hof samt Dienerschaft mit Rössern und Equipagen *en route*, mittendrin mit eigenem Gefährt die Königin. Nofretete steht mit den Zügeln in der Hand auf ihrem Wagen, stark und souverän genug, das Pferdegespann allein zu lenken (Abb. 12). Dies ist eine weitere eindrucksvolle Premiere, die erste Darstellung einer Königin in der Pose einer Streitwagenlenkerin überhaupt.

Es besteht keine Notwendigkeit, für diesen spektakulären Auftritt nach religionspolitischen Gründen Ausschau zu halten. Naheliegend ist dagegen ein vertiefter Blick auf den sehr profanen Familienhintergrund der Königin. Wie erwähnt war Eje, Nofretetes Vater, als Erbe einer langen Familientradition Chef der Streitwagentruppe. In dieser Funktion muss er mit dem Umbau des Elitecorps, der zunehmenden Nutzung des Kriegsgeräts für kultische und zivile Zwecke, befasst gewesen sein. Vielleicht hat er auch bei der lukrativen Zucht von Pferden resp. bei deren Aufkauf mitgemischt. Es könnte also sehr wohl so gewesen sein, dass Nofretete in diesem Umfeld schon früh die Führung und Lenkung eines Gespanns erlernte, vielleicht sogar das Reiten. Ob es diesen »Sitz im Leben« wirklich gegeben hat, muss freilich angesichts fehlender Belege offen bleiben. Erst an zweiter Stelle ist die Anmerkung nützlich, dass in der ägyptischen Streitwagentruppe eine Göttin, nämlich Astarte, als »Herrin des Pferdegespanns« verehrt wurde, häufig in der Pose einer Reiterin. Einer Verbindung der gottgleichen Königin mit Pferden und Pferdegespannen war also auch von dieser Seite der Boden bereitet.

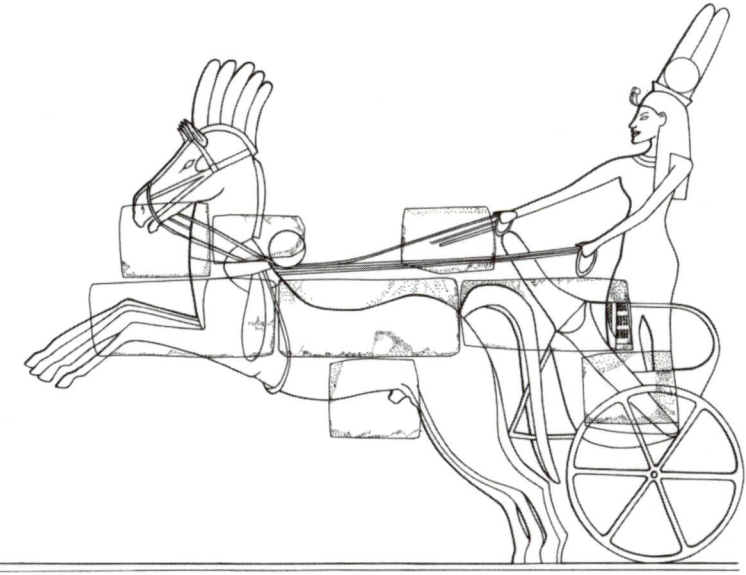

Abb. 12: Nofretete als Lenkerin eines Streitwagens (Detail)

Lenken wir an dieser Stelle den Blick auf das Sed-Fest, das in Karnak stattfand, ein mehrtägiges Großereignis ersten Ranges, das vor allem an den Wänden des *Gempaaton* verewigt wurde.

Die althergebrachten Zeremonien verboten jeden Modernismus,
wie dies die Nutzung eines Pferdegespanns bedeutet hätte. Entsprechend konservativ ist der Stil der betreffenden Talatat ausge-
fallen. Sie dokumentieren, dass das Königspaar auf endlos langen Prozessionswegen in (getrennten) Sänften getragen wurde.
Aber jenseits des kultischen Betriebs dürfte es Raum und Bedarf
in Hülle und Fülle gegeben haben, Gespanne zu benutzen und
vorzuführen. Atmosphärisch lagen also Neuerungen in der Luft
– übrigens auch durch das Vorbild der minoisch-mykenischen
Kultur, die (unter anderem in den Fresken von Tiryns) Darstellungen von rein weiblich besetzten Pferdegespannen überliefert
hat. Deshalb ist die Botschaft des Bildes, das Nofretete als Lenkerin eines Streitwagens zeigt, auch eindeutig. Hier präsentiert sich
eine dynamische First Lady auf der Höhe ihrer Zeit; einer Zeit,
die offensichtlich reif war für mehr weibliche Macht.

Ein anderes Herrschersymbol, das normalerweise dem regierenden Pharao vorbehalten war und zu dessen ikonographi-
scher Grundausstattung zählt, ist das rituelle »Erschlagen der
Feinde«. In der traditionellen Darstellung packt der König in
kraftvoller Schrittstellung den Feind (in der Regel ausländische,
zu einem Bündel zusammengeschnürte Gefangene) beim Schopf
und schwingt über ihn die Keule. Die Ritualhandlung stellt den
Pharao damit als Kriegsherrn und Weltherrscher dar, der den
Feinden Ägyptens zeigt, was ihnen droht: die Vernichtung. Genau in dieser martialischen Pose tritt Nofretete auf einem der
Talatat-Blöcke in Erscheinung (Abb. 13). Die ungewöhnlich
hohe Stellung, die Nofretete in Karnak inne hat, schließt also
die Macht zu kriegerischen Strafaktionen, die *ultima ratio* der
Könige, ausdrücklich ein.

Im Relief, das eine Szenenfolge in drei Registern festhält, ist
das rituelle Erschlagen des Feindes durch die Hand der Königin
und im Licht der Strahlensonne gleich zweimal dargestellt. Zunächst fällt auf, dass Nofretete (die im linken Bild zum ersten
Mal mit der abgeflachten Krone zu sehen ist) statt einer Keule
ein Sichelschwert in Händen hält. Völlig überraschen muss wei-

Abb. 13: Nofretete beim königlichen Ritual »Erschlagen der Feinde«

terhin, dass es sich bei dem dargestellten Feind um eine weibliche Person handelt, eine Kriegerin. Auch im mittleren Bild, das Nofretete als Feinde niedertrampelnde Sphinx zeigt, ist das Opfer weiblich. Die Motivumkehr ist also vollkommen. Nicht nur ist die Königin an die Stelle des Königs getreten; die durch sie verkörperte weibliche Macht führt dazu, dass nun auch ihre Umwelt durch eine weibliche Brille gesehen wird; auch der Feind ist jetzt weiblich. Diese verblüffende Verwandlung ist in einer anderen Bildfolge auf die Spitze getrieben worden. Es handelt sich um das bekannte Motiv von knienden Gefangenen in langer Reihe, die bei gefesselten Armen mit um den Hälsen geschlungenen Seilen verbunden sind. Wo auf den herkömmlichen Darstellungen wahlweise libysche, syrische oder nubische Soldaten zu erkennen sind, finden sich jetzt deren weibliche Pendants (Abb. 14). Die Reliefs betrachtend fragt man sich unwillkürlich, ob man sich mehr über die Idee und den Auftrag wundern soll oder über das, was die ausführenden Künstler zustande gebracht haben.

Abb. 14: Gefesselte weibliche Gefangene

Dass hier keine Laune am Werk ist, sondern hinter der Me-
tamorphose ein System steckt, wird spätestens deutlich, sobald
man sich einen Überblick über das ganze Ausmaß der Kolorierung weiblicher Welten verschafft. Auch im Zyklus des Sed-Festes sind einschlägige Talatat dieser Art zu finden. So ist der dort
zum Einsatz kommende Tragesessel der Königin an beiden Seiten mit Sphingen dekoriert, die nicht nur weiblich, sondern in
Tracht und Kleidung à la Nofretete ausstaffiert sind: sie tragen
detailgetreu ihr Gewand, ihre Perücke und ihre Federkrone.
Gesicht und Kopfbedeckung der Königin bilden auch das Vorbild für einen Kranz von Uräusschlangen, die mit weiblichem
Profil und Haarschmuck aufwarten – manchmal zusätzlich
noch mit hohen Federn. Bei Prozessionen wird Nofretete nicht
nur wie üblich von einem weiblichen Gefolge aus Hof- und Haremsdamen begleitet, auch Teile der vormals männlichen Dienerschaft wechseln das Geschlecht. So sind erstmals weibliche
Fächerträger zu sehen. Besonders erstaunen muss aber, dass die
Ausstrahlung der neuen weiblichen Macht selbst vor der Benennung von Gebäuden nicht halt gemacht und Spuren in der
Schriftsprache hinterlassen hat. Immer dann, wenn der Große
Atontempel *Gempaaton* in Zusammenhang mit dem *Hut-benben*, dem Obeliskentempel der Königin, genannt wurde[13], ließ

man den Namen mit der weiblichen Endung »t« versehen und entsprechend Gem(t)paaton schreiben. Die ursprüngliche Bedeutung »Der Aton ist gefunden« nahm auf diese Weise einen hintergründigen Sinn an: »Sie, die den Aton gefunden hat«.

An dieser Stelle stellt sich unversehens die Frage, wie es denn um die Weiblichkeit des Königs bestellt ist. Hat die so typische, von vielen modernen Betrachtern als schockierend empfundene Darstellung, die mit *sex* und *gender* spielende Stigmatisierung seines Körpers, etwas mit dem Siegeszug weiblicher Macht zu tun? Die Reliefs auf den Talatatblöcken sind berühmt-berüchtigt für einen neuen, extremen Kunststil, der insbesondere den Bildnissen des Königs eingeschrieben ist (Abb. 15). Wir sehen Amenophis IV. mit einem langen Gazellenhals, dünnen Armen und Beinen, weiblich geformten Brüsten, einem hängenden Bauch, fülligen Hüften und prallen Oberschenkeln – also im Zustand jener grotesken Verzerrung, die Champollion (als Entzifferer der Hieroglyphen einer der Urväter der Ägyptologie) einst von einer *grande morbidezza* sprechen ließ. Spätere Interpreten haben versucht, den missgestaltigen König als androgyn zu begreifen: die Angleichung an weibliche Körperformen habe den Sinn gehabt, Amenophis der Gestalt des (noch zweigeschlechtlichen) Schöpfergottes Atum anzunähern. Diese Deutung ist jedoch wenig überzeugend. Wie wir sahen, wird der Pharao an keiner Stelle mit dem Urgott selbst identifiziert, sondern vielmehr mit seinem erstgeborenen Sohn Schu. Ein wesentliches Merkmal dieses Luftgottes ist aber – im Unterschied zu seiner Zwillingsschwester Tefnut – gerade sein männliches Geschlecht. Auch das Verhalten von Nofretete alias Tefnut weist in eine andere Richtung. Auf der wachsenden Stufenleiter der Macht erscheint sie weiblich durch und durch – wenn man so will: verführerisch weiblich, wie unter anderem die Liebesszene mit Aton, der zärtlich seine Arme um sie schlingt, belegt. Das Selbstbewusstsein, das die Königin zur Schau stellt, lässt sie als eine Art von Gegentyp hervortreten, etwa gegenüber ihrer historischen Vorgängerin Hatschepsut, die ihren Machtzuwachs nur in

Abb. 15: König Amenophis IV. im Stil der Frühzeit

männlicher Maskerade durchzustehen vermochte. So mag es
also sehr wohl so gewesen sein, dass die feminine Stilisierung
des Königsbildes als eine weitere Huldigung an die Hoheit der
Frau, die Nofretete als Göttin und Königin wie keine andere vor
ihr verkörperte, gemeint war.

Ein ganz anderer Erklärungsversuch bringt die Ebene des
Kunstschaffens ins Spiel, also die Arbeit der bildenden Künstler.
Der extreme Stil sei ihrer Unsicherheit, aber auch ihrer Expe-
rimentierfreudigkeit geschuldet und nach den Ausschlägen der
Frühzeit sehr rasch in eine Milderungsphase übergegangen. Hier
liegt das Missverständnis darin, für die Unvorhersehbarkeit der
neuen Kunst mit ihrer sensiblen Nervosität eine künstlerische
Avantgarde in Anspruch zu nehmen, die als Partisan aus der
Deckung kommt, um gegen alle Erwartung den Rahmen der
Kunst neu zu definieren. Es ist wenig realistisch, dieses moder-
neren Episoden der Kunstgeschichte abgewonnene Muster auf
das Alte Ägypten zu übertragen. Gewiss waren die führenden
Baumeister und Bildhauer jener Zeit zu enormen Fortschritten
fähig: die Berücksichtigung alltäglicher Sehgewohnheiten, der
Blick für das Besondere und die Differenz, Perspektivität und
Darstellungen *en face* wären hier zu nennen. Doch die Feuerstö-
ße der Expressivität, die auf den Reliefwänden von Karnak eine
völlig neue Formensprache haben entstehen lassen, verdanken
sich in erster Linie dem Kalkül der Herrschenden. Der neue,
zwischen ungewohntem Realismus und überschießendem Sur-
realismus schwankende Kunststil ist Ausdruck einer wohldurch-
dachten politischen Ikonographie, über die ganz oben entschie-
den wurde.

Über die Identität der Entscheidungsträger und Auftragge-
ber am Hof kann es keinen Zweifel geben. Realistischerweise
kommen für diese Rolle nur Teje und Eje in Frage, die offiziell als Vormund und Berater des jungen Königs fungieren. Beseelt vom Wunsch nach einem dynastischen Wechsel zugunsten
des Hauses Juja sind sie die wahren Träger des geschichtlich
Neuen. Erkennbar im Stil von Emporkömmlingen aus »bürger-

lichen« Verhältnissen zeigt ihr (zunächst kultureller) Umbruch
Spuren einer unbändigen Lust zum Anstoßerregen. Nimmt man
die Reliefs mit einem gleichsam unbewaffneten Auge ins Visier,
dann ist der stärkste Eindruck die Schönheit der Provokation.
Das zielt eindeutig auf die etablierten Eliten des Reiches. Aber
das Aufblitzen eines historischen Wandels mag sehr wohl auch
als Brückenschlag zu einer tiefsitzenden kollektiven Gefühls-
struktur im Lande gedient haben, die Teje und Eje instinktiv
zu bedienen wussten. Akzeptieren wir diese Einschätzung, dann
hätten sie eben auch den Nerv der Zeit getroffen. Der Wunsch
nach Befreiung vom Zwang der Tradition lag im weltoffenen
Ägypten der späten 18. Dynastie förmlich in der Luft. In der
Strömung eines neuen Lebensgefühls und Zeitgeistes war der
»lebende Aton« – jenseits des spitzfindigen Streits der zeitgenössischen Theologen – ein untrügliches Zeichen für den Aufbruch:
Symbol des Lichts gegenüber dem Dunkel einer mythischen Vergangenheit mit ihren unverständlichen Riten. Nichts konnte die
Bedeutung des »Hier und Jetzt« besser veranschaulichen als die
Gegenwart der Tagessonne – und niemand die Schwingung der
neuen Zeit besser vermitteln als die Lichtgestalt der Nofretete.
Die ersten Sakralbauten des neuen Aton-Kults bedeuten (dem
Pompösen und Monumentalen zum Trotz) also durchaus Schrit-
te ins Offene und Helle.

Die öffentlichen Auftritte Nofretetes als unerschrockene
Wagenlenkerin und machtvolle Schutzherrin Ägyptens werfen
auch ein bezeichnendes Licht auf die Beziehung des Königspaares untereinander. Die Reliefs von Karnak räumen mit dem
gängigen Klischee auf, Nofretete sei über die Rolle der »liebenden Gattin und zärtlichen Mutter« (Ludwig Borchardt) nicht
hinausgekommen. An keiner Stelle haben sich unter den frühen Darstellungen jene intimen Familienszenen gefunden, die
so typisch für die spätere Amarnazeit sind: der zärtliche Umgang zwischen dem Königspaar, die Liebkosungen der Töchter.
Das Dekor der Tempelwände wartet stattdessen mit starken,
eindrucksvollen Gegenbildern auf, die unisono eine Absage

an die althergebrachte pralle Präsenz des Pharao propagieren. Das heißt aber, wir müssen für die Thebaner Jahre auch eine völlig andere Familienhierarchie unterstellen. Den Unterschied macht nicht nur, dass in dieser Zeit erst eine Tochter (Meritaton) existierte, die mutmaßlich um das Jahr 4 geboren wurde. Es herrscht einfach ein anderer Geist, ein anderes Klima. Meritaton, die auf einigen Abbildungen mit dem Sistrum in der Hand an den Opferhandlungen ihrer Mutter teilnimmt, wird kein einziges Mal an der Seite ihres Vaters gezeigt. Wird sie Amenophis als Mitglied der matriarchal erstarkten Weiblichkeit des Hofes, die von Teje geführt und von Nofretete öffentlich vertreten wird, gleichsam vorenthalten? Dann hätte das Anwachsen der königlichen Familie um weitere fünf Töchter etwas von einem sich erfüllenden Wunschdenken der starken Frauen – mit dem bösen Erwachen, dass in späteren Jahren der erwachsen gewordene, sich jetzt Echnaton nennende König mit (zumindest) dreien seiner Töchter Ehen einging, mutmaßlich, um die Geburt eines Sohnes und Nachfolgers zu erzwingen. Das dramatische Ausbleiben eines männlichen Kronprinzen ließ das Pendel des Geschlechtsverhältnisses jäh in die andere Richtung zurückschnellen. Die Lücke zu schließen, war früher die Aufgabe des Harems gewesen. Mit der Etablierung der gottgleichen Aton-Familie hatten Nachkommen von Haremsfrauen aber keine Chance mehr, ihren menschlichen Makel abzustreifen.

Wie auch immer. Fest stehen dürfte, dass Amenophis gegen Ende der Thebaner Jahre seiner Herrschaft zwar alt genug war, Kinder zu zeugen, aber zu jung und unerfahren, um sich gegen seine (etwa um zwei Jahre ältere) Gemahlin durchsetzen zu können. Ein neues Kapitel konnte er offenbar erst mit dem Entschluss, Theben zu verlassen und eine neue Hauptstadt zu erbauen, aufschlagen. Das Projekt Amarna trägt erstmals seine Handschrift. Vergessen wir an dieser Stelle nicht, dass auch Nofretete als Abgesandte des Hauses Juja unter Einfluss stand, nämlich dem ihrer Tante Teje und ihres Vaters Eje. Mit ihrem ersten starken Auftritt im Tempelbezirk von Karnak überflügelt sie zweifellos ihren Gatten, aber sie ist nicht wirklich die autonome Herrscherin, als die sie auf den Talatat ins Relief tritt. Auch Nofretete geht einen langen, steinigen Weg. Sie muss in Amarna einen sozialen Abstieg verkraften und den Kampf mit einer Rivalin bestehen. Erst spät wird sie zur formellen Mitregentin aufsteigen, um nach dem Tod Echnatons als Pharaonin endlich die ganze Macht in Händen zu halten.

ZWEITER AUFTRITT

El-Amarna, der zweite »Horizont des Aton«

Mit einem überraschenden Coup enden die Thebaner Jahre im fünften Regierungsjahr Amenophis' IV. Gegen Ende des dritten Monats der Wachstumszeit ändert der König seine ursprüngliche Königstitulatur und nennt sich fortan Echnaton, »Glanz (oder Geist) des Aton«. Vierzehn Tage später verkündet er vor dem versammelten Hof seinen Entschluss, Theben zu verlassen und in Mittelägypten eine neue Hauptstadt zu errichten, die ausschließlich dem neuen Gott geweiht sein soll: Achet-Aton, »Horizont des Aton« (das heutige Amarna). Wie ein Lauffeuer dürfte sich die Nachricht vom völlig unerwarteten Umzugsplan des Königs über ganz Ägypten verbreitet – und bei den einflussreichen Kreisen von Theben und Memphis Unverständnis und Ratlosigkeit ausgelöst haben. Hatte der Hof in den vergangenen Jahren nicht unter Aufbietung aller Kräfte im thebanischen Karnak einen gigantischen Tempelbezirk für Aton bauen lassen? Warum sollte die gewaltige Anstrengung ein zweites Mal unternommen werden, jetzt im Rahmen einer Städtegründung in einer unbewohnten Wüstenbucht am mittleren Nil, einem wahren Nirgendland? Was war in Theben schiefgelaufen? Was steckte hinter dem phantastisch anmutenden Plan, eine neue Hauptstadt aus dem Boden zu stampfen?

Tatsächlich konnte Königin Teje, die für ihren minderjährigen Sohn die Regierungsgeschäfte führte, auf eine außerordentlich erfolgreiche Politik zurückblicken. Die Grenzen des Reiches waren sicher, die Handelsbeziehungen mit den befreundeten Mächten ausgezeichnet; die Wirtschaft boomte und machte es auch weiterhin möglich, erhebliche Ressourcen in ehrgeizige Bauvorhaben zu stecken, wobei sich Teje auf einen ebenso hochqualifizierten wie ergebenen Beamtenapparat stützen konnte. Religionspolitisch wandelte sie in den Spuren ihres verstorbenen Gemahls Amenophis des Großen, der als entschiedener Förderer des Sonnenkults hervorgetreten war und sich – fasziniert von der Idee der eigenen Vergöttlichung – mit der »Strahlenden Sonnenscheibe« identifiziert hatte. Unterstützt von ihrem Bruder Eje zog Teje diese sonnentheologischen Linien energisch aus und etablierte die Aton-Religion als neuen Staatskult. Die heliopolitanisch inspirierte Reform kam mit der Feier des Sed-Festes, das im neu errichteten Tempelkomplex von Karnak in Szene gesetzt wurde, zu einem vorläufigen Abschluss. Dass die Inthronisierung der Heiligen Aton-Familie, zu der neben der Trias Aton-Echnaton-Nofretete auch Teje selbst zählte, vor allem der Erhöhung der jungen Juja-Königin diente, war ein offenes Geheimnis und wurde offensiv vertreten. Der Konflikt mit der konkurrierenden Amunpriesterschaft war so zwar (vor)programmiert, aber es gab keine offene Feindschaft, geschweige denn Anzeichen für eine Verfolgung. Noch im vierten Regierungsjahr wurde der Hohepriester des Amun, ein gewisser May, mit der Leitung einer Expedition in die Steinbrüche des Wadi Hammamat beauftragt. Und im Jahr darauf, also im ominösen Jahr 5 der Regierung Amenophis' IV., berichtete ein Verwalter namens Ipi routinemäßig an den König, dass der Kult im Ptah-Tempel von Memphis ordnungsgemäß vonstatten ging. Aton hatte den Ehrentitel, »Erster von Karnak« zu sein, übernommen, aber die übrigen (jetzt nachrangigen) Götter wurden weiterhin toleriert. Und so hieß der hohe Beamte Parennefer auch nach wie vor »Prophetenvorsteher aller Götter«.

Tejes Politikstil war zuweilen provokant, ja arrogant und schroff[14]; aber gerade weil sie keine religiöse Fanatikerin war, sondern eine kühle Machtpolitikerin, die alles dem Ziel eines dynastischen Wandels unterordnete, blieb sie berechenbar. Mit vollem Risiko hatte sie mit dem religionspolitischen Schwenk zugunsten ihrer Nichte nicht weniger als eine Kulturrevolution ausgelöst, die leicht eine Eigendynamik entfalten konnte. Aber sie hatte damit auch ein Fenster geöffnet und für frischen Wind gesorgt. Ein Hauch von nie gekannter Freiheit wehte durch die Kunst und entfesselte die starre Formensprache der alten Zeit. Mit der Erhebung des im Neuen Reich gesprochenen Ägyptisch zur neuen Schriftsprache erhielt umgekehrt die hieroglyphisch versiegelte Schrift eine volkstümliche Konkurrenz. Deshalb müssen die Neuerungen auf die Zeitgenossen nicht nur schockierend, sondern auch faszinierend gewirkt haben. Was Teje an Rückhalt seitens der Traditionalisten verlor, konnte sie an anderer Stelle wieder wettmachen. Besonders bei den weltoffenen Machteliten des Landes durfte sie mit einem beträchtlichen Maß an Unterstützung rechnen. Alles in allem ist also kein Motiv erkennbar, das Teje und Eje bewogen haben könnte, ihre so erfolgreiche Politik plötzlich in Frage zu stellen und ihr Heil in der Flucht aus Theben zu suchen. Wenn es sich aber so verhalten hat, dann muss der Umzugsentschluss tatsächlich als ein Bruch verstanden werden: als Ausdruck einer alternativen Politik, die mit ihrer neuen, radikalen Stoßrichtung über die vorgegebenen Ziele weit hinausschoss und das Erreichte in Frage zu stellen vermochte.

Nach Lage der Dinge kann es für diese dramatische Wende nur eine plausible Erklärung geben. Amenophis – in den Thebaner Jahren ein Kindkönig unter Einfluss seiner Mutter, bevormundet von seinem Onkel und Schwiegervater, mehr Marionette als souveräner Herrscher – war erwachsen geworden. Im Alter von fünfzehn, vielleicht sechzehn Jahren könnte er den Springpunkt der Adoleszenz als eine Art von »zweiter Geburt« erlebt haben. Schon die Annahme eines neuen Geburtsnamens bei Abstreifen des alten signalisiert einen fundamentalen Identitätswechsel. Der König ist ein anderer geworden, einer, der sich der Umklammerung durch die übermächtigen Elternfiguren zu entziehen versucht und gleichzeitig aus dem Schatten seiner dominanten Gattin treten will. Erfüllt vom »Geist des Aton« ergreift Echnaton nun selber die Zügel der Macht. Die Zeit, in der er sich vom Familienrat umstandslos in die Pflicht nehmen ließ, scheint abgelaufen. Es beginnt die Kür im Rollenspiel des

Königs. Zum ersten Mal in seinem Leben tut er vor dem versammelten Hofstaat seinen Willen kund, den er – koste es, was es wolle – durchzusetzen gedenkt: seinem Vater Aton fern von Theben eine neue Gottesstadt zu erbauen, Achet-Aton, den wahren Horizont des Aton.

Mit seiner in impulsiver Manier vorgetragenen Absichtserklärung entfesselt Echnaton einen wahren Ereignissturm. Die Abkehr von Karnak ist nichts anderes als eine schallende Ohrfeige für Teje, die Königsmutter, der ihr Sohn die bisher geleistete Gefolgschaft aufkündigt. Deutlich spürbar wird die geheime Triebkraft einer verzweifelten Selbstbefreiung, wenn der jugendliche König mit seinem Gegenentwurf dem zielsicheren *Coup d'État* der Jujakönigin rücksichtslos in die Parade fährt. Unter Echnaton verwandelt sich die von Teje klug eingefädelte religionspolitische Wende in einen religiösen Wahnwitz, der die eingeschlagene Laufrichtung in die Irre – nämlich in das starre Gehäuse eines Gottesstaates – führen wird. Dass er seine von infantilem Wunschdenken geprägte Vision eines neuen Lichtortes für Aton gegen alle Widerstände durchzusetzen versteht, dass er für sein Projekt fähige Mitstreiter zu rekrutieren und an sich zu binden weiß, offenbart zugleich seine Tatkraft und Stärke, wohl auch seine charismatische Ausstrahlung. Was die ersten Architekten und Künstler des Landes auf Befehl Echnatons erdacht und die besten Bauleute und Handwerker in der Bucht von Tell el-Amarna errichtet haben, das ist als Gesamtkunstwerk einer ganzen Epoche auf jeden Fall ernst zu nehmen und entsprechend zu würdigen. Die Art und Weise, wie dort der lebendige Geist die Materie bewegt hat, wie ein neues Lebensgefühl in die Formensprache der Kunst übersetzt wurde, wie sich subtile Weltbilder in bewohnbare Lebensräume verwandelt haben – das alles spricht dafür, dass der jugendliche König die begonnene Kulturrevolution nicht nur mit großem Elan beschleunigt, sondern auf sehr eigensinnige Weise zu Ende gebracht hat. Im Licht dieser Tatsache steht Echnaton deshalb auch als ein großer Heros vor uns.

DAS DRAMA DES BEGABTEN KINDES (AMENOPHIS)

Amenophis (der spätere Echnaton) verbrachte seine Kindheit in Malqata, einer gewaltigen Palaststadt, die sein Vater am thebanischen Westufer hatte bauen lassen und »Haus der strahlenden Sonne« nannte. Für den jungen Prinzen offensichtlich ein Ort der Trübsal, denn er blieb von allen Feierlichkeiten und Auftritten ausgeschlossen. Diese Zurücksetzung dürfte – vor allem im Verbund mit der demonstrativen Bevorzugung seiner Schwestern – Grund genug für eine seelische Wunde gewesen sein, die sich zu einer unbändigen Hass-Liebe gegenüber dem übermächtigen Vater auswuchs.

Unter dem Einfluss des forcierten Aton-Kults, in dem der verstorbene Pharao mit dem Sonnengott verschmolz, scheint im Kokon des Vaterkomplexes ein analoger Gotteskomplex herangereift zu sein, der es dem Kind erlaubte, die unerträgliche Ambivalenz der Gefühle aufzuspalten und abzuführen. Amenophis konnte die Imago des »guten Vaters« auf Aton übertragen, den Gott der Wärme und des Lichts, der mit seinen Strahlenhänden seinen einzigen Sohn, »das schöne Kind des lebendigen Aton«, beschützt. Umgekehrt vermochte er die Imago des »bösen Vaters« über die Brücke des väterlichen Namens (»Amun ist gnädig«) in Richtung des alten Göttervaters Amun zu verschieben, der später zum Ziel blindwütiger Vernichtungsaktionen wurde. Zunächst ging das tiefste Begehren des jungen Königs jedoch dahin, in einer unberührten Wüstengegend eine neue und bessere Palaststadt zu bauen, in der er als »Sohn seines Vaters Aton« hoffen mochte, die Liebe, die ihm in Malqata versagt blieb, einstreichen zu können. Tatsächlich erinnert Achetaton topographisch gesehen überdeutlich an das Vorbild von Malqata. Psychohistorisch gesehen erscheint das Projekt Amarna als eine Variation über das Paradies-Thema, wobei es sich jedoch nicht um die Phantasie einer Rückkehr handelt, sondern um die Verwirklichung einer Utopie: der Einrichtung einer nie dagewesenen Welt aus den Ruinen der Kindheit.

Das Gebiet, das Echnaton als neuen »Horizont des Aton, in
dem er seine Bahn beginnt«, aber auch als Lage seiner künfti-
gen Königsresidenz ins Auge gefasst hatte, ließ er mit zahlreichen Grenzstelen feierlich abstecken (Abb. 16). Die insgesamt
14 Stelen (drei davon auf dem Westufer, elf auf dem Ostufer
des Nils gelegen) markierten einen Bezirk, der neben dem eigentlichen Stadtgebiet ein fast 20 Kilometer breites Fruchtland
einschloss. Das antike Achetaton war also weit mehr als nur
eine neue Tempel- und Residenzstadt; es umfasste mit dem für
die Versorgung der Stadtbewohner so wichtigen Anbaugebiet
eine Fläche von mehr als 200 Quadratkilometern, auf der eine
Bevölkerung von schätzungsweise 50.000 Menschen zu leben
vermochte. Möglicherweise plante Echnaton also nicht nur eine
neue Stadt für den Staat, sondern einen eigenen, vom restlichen
Reichsgebiet abgekoppelten und wirtschaftlich autarken »(Gottes)Staat im Staate«. Dafür könnte sprechen, dass er mit feier-
lichem Eid bekräftigte, den durch die Grenzstelen markierten
Bezirk nie wieder zu verlassen.

Abb. 16:
Eine der Grenzstelen
von Amarna
(die sog. Stele S)

Die Bedeutung der Grenzstelen liegt – neben der beeindruckenden Architektur – in den erhalten gebliebenen langen Textpassagen, die erstmals in der zeitgenössischen Sprechweise des Neuägyptischen verfasst wurden (ein weiterer Fingerzeig des kulturellen Aufbruchs). Die in Fels geschlagenen Monumente sind damit die unverwüstlichen Träger der offiziellen Proklamation der neuen Politik Echnatons. In berichtender Form hören wir über weite Strecken die beinahe wortwörtliche Rede des Königs. Und die informiert nicht nur über die suggestive Topographie eines mythischen Ortes und die Liste der Baumaßnahmen, sondern auch über den Streit, den das Projekt Amarna innerhalb der Königsfamilie ausgelöst hat, und dessen Folgen, unter anderem die deutliche Machteinbuße von Nofretete.

1. Szene: Streit um Amarna

Nach einer langatmigen Einleitung, die das Mantra der neuen Titulatur der göttlichen Trias von Aton, Echnaton und Nefeneferuaton-Nofretete feierlich nachbetet, beginnt der Bericht mit dem Eintreffen des Königs und seines Gefolges am auserwählten Ort.

An diesem Tag [Jahr 5, vierter Monat der Wachstumszeit, Tag 13], als man [d. h. der König] in Achetaton war, erschien Seine Majestät in einem großen Streitwagen aus Elektron – genauso wie Aton, wenn er aufgeht in seinem Horizont und das Land mit seiner Liebe und Freundlichkeit erfüllt. Er [Aton] begab sich auf den schönen Weg nach Achetaton, seinem Ort des urzeitlichen Geschehens, den er für sich selbst gemacht hat, um täglich darin zu ruhen, und den sein Sohn Waenre [»Einziger des Re« = Echnaton] für ihn machte, als das große Denkmal, das er für sich selbst errichtete; als sein Horizont, in dem er seine Bahn beginnt, wo er erblickt wird mit Freude, während das Land jubelt und wo alle Herzen frohlocken, wenn sie ihn sehen.

Schon dieser Auftakt macht klar, dass der unberührte Land-
strich von Achetaton keinen willkürlich gewählten, sondern
einen vorherbestimmten Ort darstellt. »Ort des urzeitlichen
Geschehens« wird er mit deutlichem Anklang an die heliopo-
litanische Schöpfungslehre genannt; ein mythischer Ort also,
an dem sich das Geheimnis der Urschöpfung und die Vater/
Sohn-Konstellation von Atum-Schu in der verjüngten Gestalt
von Aton-Echnaton wiederholen soll – ein Heliopolis in der
Nussschale, mit der bemerkenswerten Auslassung der Vater/
Tochter-Konstellation (Atum-Tefnut resp. Aton-Nofretete), die
in Karnak noch an erster Stelle stand. Die bevorzugte Naturku-
lisse von Achetaton wurde nicht von Menschenhand geschaffen, und was der König mit der Errichtung von Tempeln und
Palästen sich anschickt aus ihr zu machen, geschieht auf Geheiß
des Aton. Echnaton erscheint als der Kundige, dem allein die
heilige Stätte geoffenbart wurde, und damit zugleich als der Gesandte, der eine Mission zu erfüllen hat.

Zwischen den Zeilen lässt sich heraushören, dass genau dies
beim Bau der ersten Atontempel in Karnak nicht der Fall war. Wohl
wurde – wie es der größte dieser Tempel (*Gempaaton* = »Der Aton
ist gefunden«) verhieß – die Gottheit gefunden (als ein lebendiger
Sonnengott hinter der physischen Sonnenscheibe), aber als Ort seines täglichen Erscheinens war die alte Tempelstadt des Amun dem
Gott nicht wohlgefällig. Das richtige »Finden« ist das Verdienst,
das dem König gebührt bzw. dieser sich selbst zuschreibt. Teje, die
jenes frühe, nur halb gelungene Projekt in die Wege leitete, bleibt
als Urheberin unerwähnt. Nofretete, die auf den Talatatreliefs als
Geliebte des Aton die überlegene Macht der Weiblichkeit verkörperte, wird jetzt »Anführerin des weiblichen Gefolges Atons« genannt. Das ist nicht länger Ausdruck von Dominanz, sondern eine
unverhohlene Rückführung auf den Halbpart einer der beiden auf
die Geschlechter verteilten Einflusszonen.

Dann sagte Seine Majestät zu ihnen [dem versammelten Hof-
staat]: »Seht Aton! Aton wünscht, dass ihm ein Denkmal mit

einem ewigen und immerwährenden Namen errichtet wird.
Kein Beamter hat mich je darauf hingewiesen, noch hat mich
irgendein anderer Mensch im ganzen Land darauf hingewiesen, mir zu sagen, Achetaton an diesem entlegenen Platz zu
bauen. Es ist mein Vater Aton, der mir dazu geraten hat, indem
er sagte: ›Siehe, fülle Achetaton mit Vorräten – einem Lager-
haus für alles! Es soll meiner Majestät gehören, um Achetaton
zu sein für immer und ewig.‹ (...) Ich werde Achetaton für
Aton, meinen Vater, an diesem Ort errichten. Ich werde nicht
über die südliche Stele von Achetaton hinausgehen, noch über
die nördliche Stele hinaus stromabwärts gehen, um Achetaton
dort für ihn zu bauen. (...) Auch soll die Königin nicht zu mir
sagen: ›Sieh doch, es gibt einen schönen Ort für Achetaton an
einer anderen Stelle.‹ Ich würde nicht auf sie hören.«

Aton wünscht und der König handelt. Das ist das neue Gesicht
einer exklusiven Koregentschaft zwischen Gott und Pharao, die
durch die (in der Amarnazeit eher selten belegte) direkte Gottes-
rede besiegelt wird.[15] Einzig Echnaton kennt den Willen Atons.
Als Kontrastfolie dienen die unwissenden Beamten und Höflinge, die den König schlecht beraten haben – und dem einsamen
Entschluss Echnatons deshalb umso unterwürfiger zustimmen
werden. Aber wiederum gewinnt man den Eindruck, dass diese
Passage insgeheim die wirklichen Ratgeber und (bisherigen) Entscheidungsträger meint, Teje und Eje, das mächtige Geschwisterpaar aus dem Hause Juja. Könnte es sein, dass der Echnaton
des Jahres 5, der Sieger im Streit um das Projekt Amarna, sich
vorsichtig von seiner mütterlichen Linie distanziert?
   In einem dunklen Einschub, der für gewöhnlich auf den Widerstand der Amun-Priesterschaft bezogen und von einigen Interpreten sogar als Andeutung eines versuchten Anschlags auf das
Leben des Königs gedeutet wird, stellt sich Echnaton demonstrativ
in die Ahnenreihe der Thutmosiden. Rücklaufend kommt er auf
sein viertes, drittes, zweites und erstes Regierungsjahr zu sprechen,
geht dann weiter zurück in die Zeit Amenophis' III., Thutmosis' IV.

und Thutmosis' III., um abschließend zu resümieren: »schlimmer als jene Dinge«, die sich in diesen abgelaufenen Zeiten abspielten, sei das gewesen, was ihm im Jahr 5 (dem Entscheidungsjahr für oder gegen Achetaton) passierte. Das erwähnte (und wahrscheinlich überzogene) Phantasma vom Mordanschlag seitens einer rebellischen Priesterschaft mahnt – bei aller Offenheit der historischen Rekonstruktion – zur Vorsicht. Dass stattdessen ein interner Machtkampf Anlass für das Räsonieren Echnatons gab, erscheint eine bei weitem realistischere Annahme zu sein. Die Vermutung ist nicht von der Hand zu weisen, dass Teje und Eje alles in ihrer Macht Stehende versucht haben könnten, um den Umzugsplan des aufbegehrenden Königs zu kippen. Möglicherweise haben sie als letzten Ausweg aus der Krise die Abdankung Echnatons erzwingen wollen, ein Plan, der dann am Widerstand der royalistischen Partei scheiterte. Dies könnte das ominöse Ereignis gewesen sein, das für den jungen König schlimmer als alle überlieferten Dinge der Vorzeit war. Ein offener Machtkampf auf des Messers Schneide.

Nahrung erhält diese Überlegung durch die unvermittelte Erwähnung Nofretetes in der zitierten Passage. Der König erklärt die ersten beiden Grenzstelen, die den heiligen Bezirk nach Süden und Norden hin begrenzen, für unumstößlich. Die Lage des Gotteslandes ist nicht verhandelbar, weil sie von Aton selbst festgelegt wurde. Wer immer einen anderen Platz für die Errichtung von Achetaton vorschlagen sollte, wird kein Gehör finden. Dass an dieser Stelle ausgerechnet die Königin mit (potentiellen) Einwänden gegen die Wahl des Ortes in Verbindung gebracht wird, muss erstaunen. Eine flüchtige Meinungsverschiedenheit im Vorfeld der Kampagne wäre kein hinreichender Grund für das überraschende Auftauchen auf den Texttafeln aus Felsgestein, die Bestand haben sollen, »bis der Schwan schwarz und der Rabe weiß wird, bis die Berge aufstehen zu wandern und das Wasser bergauf fließt«. Es muss zwischen Echnaton und Nofretete zu einem schwerwiegenden Dissens in Sachen Achetaton gekommen sein. Und es ist nur plausibel anzunehmen, dass die Königin in diesem Konflikt nicht allein stand, sondern vielmehr die Partei der Juja vertreten hat.

Natürlich stritt man bei Hofe nicht um die Frage, ob Achetaton nicht besser einige Kilometer weiter stromauf- oder stromabwärts gebaut werden sollte, sondern um ein generelles Für oder Wider. In den Augen der Juja mussten die Umzugspläne als abenteuerlich erscheinen, geeignet, das schon Erreichte zu gefährden – und das ersehnte Ziel in eine weite Ferne zu rücken. Teje und Nofretete könnten anfänglich mit verteilten Rollen versucht haben, den Sohn resp. Ehemann in langen Gesprächen umzustimmen. Aber Echnaton war nicht länger das folgsame und formbare Kind der Thebaner Zeit. In jenen Jahren war es offensichtlich, dass Nofretete, die Juja-Königin, ihren Gatten Amenophis, den Spross der Thutmosiden, an Einfluss und Bedeutung übertraf. Ein älter und selbstbewusster gewordener König stellt nun klar, wer das Sagen hat: »*Ich würde nicht auf sie hören.*« Positiv gewendet heißt das: Ich, der Pharao, bestimme ab sofort die Richtlinien der Politik. Diese deutlichen (an Nofretete adressierten) Worte dürfen gewiss auch als eine Warnung an Teje verstanden werden, die Kreise ihres Sohnes nicht länger zu stören. Gut möglich, dass sich die Königinmutter nach erfolgloser Intervention einige Jahre auf ihren sogenannten Witwensitz in Kom Medinet Ghurab zurückgezogen hat, um die weitere Entwicklung abzuwarten. Erst nach der Fertigstellung der neuen Gottesstadt und dem triumphalen Herrschaftsantritt ihres Sohnes, der im Jahr 9 stattfand, scheint sie nach Achetaton umgezogen zu sein und sich in das Unvermeidliche geschickt zu haben.

Auch für Nofretete wurden die Karten neu gemischt. Das ihr gewidmete Hohe Lied der Liebe verstummt zwar nicht, es wird aber erkennbar anders intoniert. Auf den Tempelwänden von Karnak erschien die Königin, angelehnt an die göttlichen Gestalten der Hathor und Tefnut, als die erste Liebe des Aton, aber auch als machtvolle Stellvertreterin des neuen Sonnengottes auf Erden. Mit der Entscheidung für Achetaton tritt nun der König an diese Stelle, den angestammten Platz Pharaos; er ist der neue *frontman* der Royals. Gegen alle Widerstände hat er den Willen der Gottheit vollzogen und sich damit als das »einzig geliebte Kind« seines Vaters Aton erwiesen. Im Großen Sonnengesang von Amarna lässt er sich entsprechend feiern und seine privilegierte Nähe zu Aton gebührend hervorheben:

> Denn es gibt keinen, der dich [Aton] kennte, außer deinem Sohn Nefercheprure-Waenre [Vollkommen an Gestalten ist Re, Einziger des Re = Namen des Echnaton]. Du lässt ihn kundig sein deiner Pläne und deiner Macht.

Abb. 17: Das Königspaar auf einer der Grenzstelen (Detail)

Diese Auszeichnung und Erwählung kommt einer Grenzziehung gleich. Zwar bleibt Nofretete ohne Wenn und Aber die Große Königliche Gemahlin an der Seite Echnatons, deren voller Name neben dem ihres Gatten auf jedem feierlichen Dekret des Hofes erscheint, deren Platz im Dreieck, das Aton mit dem Königspaar bildet, niemals leer bleibt – so auch im Bildfeld der

diversen Grenzstelen von Amarna (Abb. 17). Aber sie wirkt
jetzt eher als Gehilfin ihres Gatten, die diesen beim rituellen
Vollzug des Opfers unterstützt. Wenn sie gepriesen wird, steht
nicht länger ihre Liebe und Nähe zu Aton oder ihre Macht und
Herrlichkeit als Gebieterin im Mittelpunkt, sondern in erster
Linie ihre Schönheit und Anmut:

> Die Fürstin, groß im Palast, schön von Angesicht, herrlich
> unter der Doppelfeder, die Herrin der Freude, die einen er-
> hebt, wenn man ihre Stimme hört; ausgestattet mit Huld,
> groß an Liebe, deren Taten den Herrn der beiden Länder
> [Echnaton] erfreuen; Anführerin des weiblichen Gefolges
> des Aton, die diesen zufrieden stellt, wenn er sich über den
> Horizont erhebt.

Genau auf dieser Linie bewegt sich die völlig neuartige Bebilde-
rung der Privatsphäre des Königspaares, die es in Karnak nicht
gegeben hat und die deshalb zu einem wiederkehrenden szeni-
schen Moment der Amarnakunst avancieren sollte. Die Einführung von (häufig intimen) Szenen der königlichen Familie ist
exakt das Medium, in dem die Abschwächung des politischen
und kultischen Status Nofretetes vollzogen wird – und Ägyptologen wie Borchardt ihr einseitiges Urteil über die Amarnakönigin erworben haben. In variierenden Tableaus sehen wir das
Elternpaar unter der Strahlensonne vereint, wie es ihre Töchter
liebkost und zärtlich umsorgt – besonders eindrucksvoll auf dem
berühmten Berliner Tafelbild (Abb. 18). Links den König, der
nach Art eines Schwerenöters seine Älteste hochhebt, um sie zu
küssen; ihm gegenüber die Königin, die ihre Jüngste gewähren
und sich am Kinn kraulen lässt. Glück und Heil in der Familie,
dem Aton wohlgefällig.

In anderen Bildfolgen sehen wir das Königspaar ohne Kinder,
so dass dessen Beziehung zueinander markanter hervortritt. Auffällig, wie sehr sich (im Vergleich zu den frühen Reliefs) Aufbau
und Gebärde im Erscheinungsbild Nofretetes verändert haben.

Sie ist ersichtlich in einer dem König zugewandten, ja dienen-
den Funktion dargestellt; sei es, dass sie – dicht neben ihm platziert oder sogar auf seinem Schoß sitzend – ihren Gatten zärtlich
streichelt, sei es, dass sie dem lässig zurückgelehnten Echnaton
liebevoll Wein einschenkt. Die Bildsprache ist eindeutig neu aus-
gerichtet, und vieles spricht für ein wohlüberlegtes und planmä-
ßiges Vorgehen. Offensichtlich wünschte der König höchstper-
sönlich, dass seine Gattin in entsprechender Manier auftrat,
nämlich als Ausweis einer neuen und verbindlichen Familienhierarchie. Im Jahre 6 (die Familie war um eine zweite Tochter
angewachsen) kam es zu einer Erneuerung und Ergänzung der
frühen Proklamation von Achetaton, wiederum niedergelegt auf
einer Reihe von Grenzstelen und mit einem Eid besiegelt. Der
König von Ober- und Unterägypten, so ist zu lesen, fuhr »in Gegenwart seines Vaters Aton« mit seinem Zweispänner in Richtung der südöstlichen Berge von Achetaton. Dort legte er einen
heiligen Schwur ab:

Mein Herz ist erfreut über die Königin und ihre Kinder,
was Anlass gibt festzuhalten: Die Große Königliche Gemahlin, Neferneferuaton-Nofretete – möge sie leben auf
immer – steht unter der Autorität des Pharao (...), und die
Königstochter Meritaton und die Königstochter Maketaton,
ihre Kinder, mögen sie ein hohes Alter erreichen, stehen unter der Autorität der Königin, ihrer Mutter, fortlaufend für
immer. Dies ist mein aufrichtiger Eid, der meinem Wunsch
entspricht und nicht falsch gesprochen wurde.

Dieser Text ist eindeutig und ohne Spielraum für Interpreta-
tionen. Er sanktioniert eine neue Hierarchie, welche die religi-
ons- und machtpolitische Gewichtsverteilung der Thebaner
Jahre zugunsten Echnatons korrigiert und Nofretete zu großen
Teilen auf die Rolle der liebenden Gattin und zärtlichen Mutter einschränkt. Dieser Geist ist in der frühen Amarnazeit all-
gegenwärtig. Mit Blick auf die »heilige Familie« hatte die neu

abgestufte Macht- und Rollenverteilung ein festes Ranking: Uneingeschränkt oben stand Aton, dann kam Echnaton, dann Nofretete, dann die Töchter. Die einfachste künstlerische Umsetzung dieser Doktrin war die Abstufung nach Größe; und so sehen wir die Mitglieder der königlichen Familie auf vielen Abbildungen dieser Zeit tatsächlich aufgereiht wie Orgelpfeifen. Wir sehen aber auch, dass die auffällige Bevorzugung weiblicher Formen (eines der Hauptkennzeichen des frühen Stils) beibehalten wurde. Die Dominanz der Königin war fürs Erste gebrochen, aber nicht die subtile Vorherrschaft einer weiblich dominierten Welt. Nach ihrer Pfeife tanzt nach wie vor auch der König. Zu sagen, hier zeigten sich eigene feminine Züge, also ein Mangel an robuster Männlichkeit, ist so schwierig wie der Versuch auf die Frage zu antworten, wie Nofretete mit der neuen Unterordnung umgegangen ist. Nur soviel: auch in Amarna blieb nichts beim Alten – am wenigsten die Ordnung der Geschlechter.

Abb. 18: Die Königsfamilie auf dem berühmten Berliner Altarbild

2. Szene: Im Sonnenschatten

Schon die frühe Proklamation aus dem Jahr 5 wartet mit erstaunlich konkreten Plänen für die Bebauung von Achetaton
auf, das heißt der König kam nicht mit leeren Händen. Auf den
entsprechenden Grenzstelen wird sowohl der kultische als auch
der politisch-administrative Kernbestand der neuen Stadt prä-
zise benannt und verortet. Es gehört, nebenbei gesagt, zu einer
der großen Überraschungen der mehr als dreitausend Jahre danach begonnenen Ausgrabungskampagnen, dass dieser Katalog
Punkt für Punkt bestätigt werden konnte. Er liest sich wie folgt:

• Großer Atontempel
• Kleiner Aton-Tempel
• Sonnenschatten(-Tempel) für die Königin
• Haus des Jubelns
• Palast für den König und die Königin
• Grabanlage für die Mitglieder der königlichen Familie
• Friedhof für den Mnevis-Stier
• Grabkapellen für die höchsten Aton-Priester

Natürlich dürfen wir erwarten, dass der religions- und machtpolitische Schwenk, den Echnaton mit dem Projekt Amarna
vollzog, sich in den Strukturen der neuen Tempel, Paläste und
Grabanlagen niedergeschlagen hat. Neben allfälligen Ähnlich-
keiten gilt das Augenmerk daher vor allem signifikanten Unterschieden. Vorneweg interessiert Lage und Bedeutung des
spirituellen Zentrums der neuen Stadt im Vergleich zum aufgegebenen Tempelbezirk von Karnak. Was war an die Stelle des
Obeliskentempels, des sogenannten »Hauses des Benben-Steines«, getreten, der Nofretete als Bühne für ihren Auftritt als
vergöttlichte Königin gedient hatte?
   Schon ein flüchtiger Blick auf die Bebauungsliste macht klar,
dass die Errichtung eines vergleichbaren Tempels nach Art des

heliopolitanischen Kultes nicht vorgesehen war. Das Herzstück im Stadtbild von Amarna (Abb. 19) bildete kein zweiter Obelisk, sondern vielmehr der große Aton-Tempel (der nicht von ungefähr die Liste anführt). Mit seinen gewaltigen Ausmaßen erinnert er an den größten Tempel von Karnak, den *Gempaaton* (»Der Aton ist gefunden«), doch wird er hier *Per-Aton*, »Haus des Aton« genannt (ein Name, der mit nicht ganz eindeutigem Bezug schon in Karnak fällt). Sein Eingang, der durch einen mächtigen Pylon markiert wurde, lag an der Westseite der prächtigen Hauptstraße, schräg gegenüber dem Großen Palast, der sich nach Süden erstreckte und ursprünglich in eine Gartenanlage überging, die später – in der Zeit Pharao Semenchkares – durch einen großen Weingarten ersetzt wurde. In der letzten Bauphase des *Per-Aton* umgrenzte eine hohe Umfassungsmauer, die nur an der Nordseite durch die »Halle der ausländischen Tribute« unterbrochen wurde, ein Areal von sage und schreibe 275 x 760 m. Hinter dem Eingang tat sich ein dreigeteilter interner Tempelkomplex auf. Er wurde durch einen Säulensaal eröffnet, der »Haus des Jubelns« *(Per-hai)* hieß, ein Name, der an das Sed- oder Jubiläumsfest erinnert, das der Gottkönig in Karnak feierte. Da in Achetaton augenscheinlich kein zweites Sed-Fest begangen wurde, scheint das »Haus des Jubelns« das Gedächtnis jenes Festes bewahrt zu haben.

Unmittelbar an den Säulensaal schloss sich ein Bauwerk an, das aus insgesamt sechs hintereinander liegenden Höfen bestand, die – nach oben offen – mit zahlreichen Altären und Opfertischen versehen waren und ihrerseits mit großen Pylonen eröffnet wurden. Der Name dieses für die neue Religion zentralen Kultbereichs sorgt für die zweite Überraschung, denn er lautet *Gem-Aton*. Der an übergeordneter Stelle erwartete Name *Gempaaton* taucht in Amarna also zur Bezeichnung eines Teilkomplexes des *Per-Aton* auf – und zwar in veränderter Schreibweise. Der bestimmte Artikel *pa* ist weggelassen, so dass die Übersetzung »Aton ist gefunden« lauten muss. Was als Petitesse daherkommt, entpuppt sich bei näherem Hinsehen als semantische Spitzfindigkeit von Belang. Das Einziehen des bestimmten Artikels, der »Aton« grammatikalisch gesehen den Status »maskulin/singular« verliehen hat, soll ersichtlich ein mögliches Changieren zwischen einer maskulinen und femininen Form auf der Gegenseite des »Findens« unterbinden. Auf den Tempelwänden von Karnak ist, wie erinnerlich, die weibliche Schreibweise *Gem(t)paaton* immer dann aufgetaucht, wenn der in Rede stehende Tempel mit dem Obeliskentempel in Zusammenhang gebracht wurde. Die demonstrative Geschlechtsbestimmung mittels des femininen (t) verwandelte den neutralen Akt der Findung in die Person einer Finderin, so dass zu lesen war: »Sie, die den Aton gefunden hat.« Diese weibliche, eindeutig auf Nofretete als Herrin des Obeliskentempels gemünzte Form war in Amarna offensichtlich nicht länger opportun.

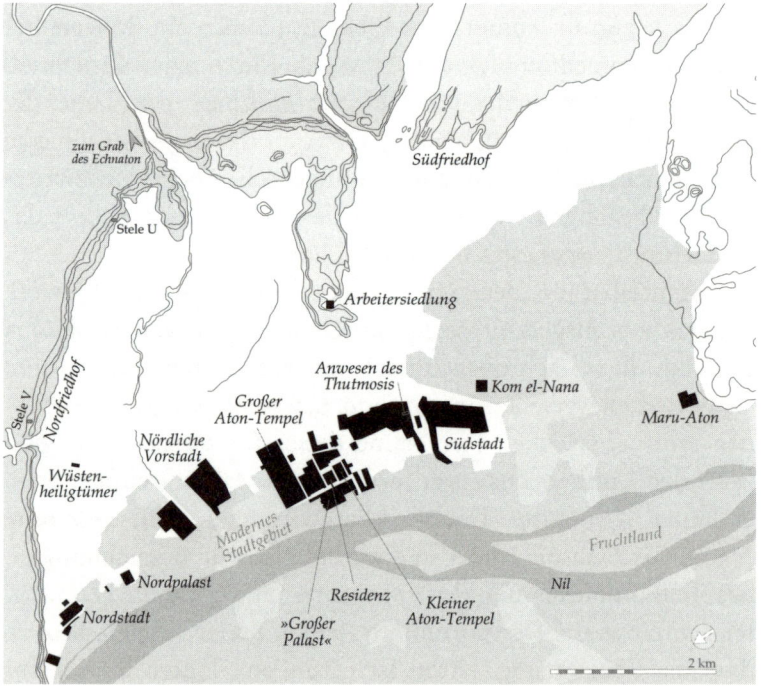

Abb. 19: Lage der neuen Hauptstadt Achet-Aton

Im hinteren Drittel des *Gem-Aton*, ungefähr auf Höhe der »Halle der ausländischen Tribute« und in Sichtweite eines abschließenden großen Sanktuars, lag ein Stelenheiligtum, das in Verbindung mit einem Schlachthaus (für die Opfertiere) stand. Die wuchtige, oben abgerundete Stele, die auf einem Sockel platziert und über eine Rampe zugänglich war, ist auf den Wänden von mehreren Gräbern abgebildet (Abb. 20). Wie Parallelen nahe legen, stellte das Relief der Stele wahrscheinlich die königliche Familie kniend oder liegend vor Aton dar. Erstaunlicherweise wird dieses eher bescheidene Heiligtum in den Texten *Hut-Benben* (»Haus des Benben-Steines«) genannt, manchmal unter Einschluss des erwähnten Sanktuars. Es wird – wie am rechten unteren Bildrand erkennbar – mit musikalischen Darbietungen in Verbindung gebracht. Dieser Bezug findet sich auch in rituellen Texten wie dem kleinen Sonnenhymnus, wo es heißt:

Die Musikanten und Sänger
jauchzen vor Freude
im Vorhof des Hut-Benben.

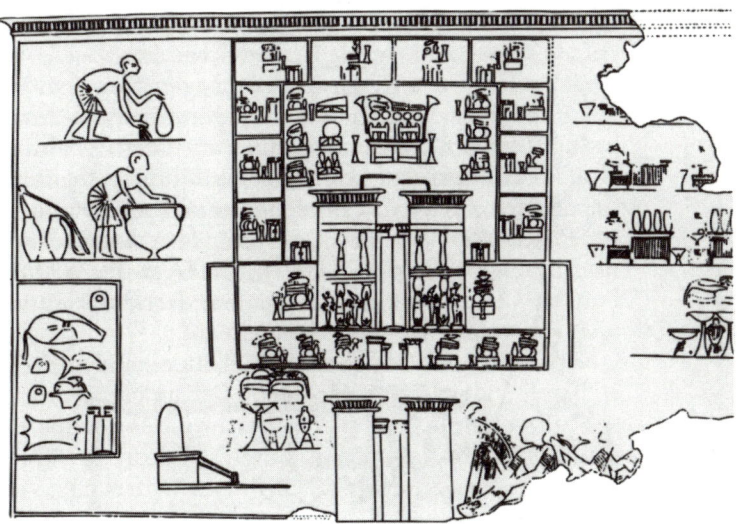

Abb. 20: Das Stelenheiligtum im Großen Atontempel von Amarna

Die dargestellte Szene aus dem Grab eines gewissen Merire zeigt
ein nahe der Stele spielendes Orchester, dem ausschließlich blin-
de Künstler angehören. Aus Amarna ist bekannt, dass Palastmu-
siker, die den König unterhielten oder bei festlichen Banketten
aufspielten, gelegentlich mit verbundenen Augen auftraten, somit (aus welchen Gründen auch immer) eine symbolische Blindheit zur Schau trugen. Aber die hier abgebildeten Tempelmusi-
ker, in jenen Tagen häufig Ausländer, tragen keine Augenbinden,
sondern sind – wie deutlich im Detail zu erkennen ist (Abb. 21)
– wirklich blind. Sie sind, wie sonst nur noch die Eunuchen des
Harems, als Opfer einer massiven Misshandlung zu begreifen,
deren verquerer Sinn darin bestanden haben könnte, mit dem
Raub des Augenlichts die Sehnsucht nach dem Sonnenlicht und
damit die Virtuosität der Musiker zu steigern. Man wird deshalb
ihr trauriges Bild den hymnischen Zeilen aus dem Sonnengesang
nur mit gemischten Gefühlen zur Seite stellen – aber gewiss auch
nicht unterschlagen wollen. Grausamkeiten dieser Art gehören
zur Realität von Amarna dazu und damit zur anderen, uns fremden Seite der höfischen Lebenswelt jener Zeit.

*Abb. 21: Blinder
Harfenspieler*

Der Kult um den *Benben*-Stein wurde einst als Startsignal für
den Bau des gesamten thebanischen Aton-Bezirks begriffen und
dort mit einem immensen Aufwand an mythischer Begründung
und künstlerischer Ausführung im Obeliskentempel in Szene
gesetzt. Dass er in Achetaton nur in der herabgesetzten Form
eines Stelenheiligtums Einzug hielt, ist daher ein Faktum, das
nicht übergangen werden darf. Über die Gründe muss nicht
lange spekuliert werden. Mit der gewiss von Echnaton persön-
lich gefällten Entscheidung war ja nicht nur der monumentale
Obelisk verschwunden; mit ihm verlor Königin Nofretete ihren
wichtigsten religionspolitischen Standort, ihre ideelle Macht-
basis sozusagen – und damit erheblich an Prestige. Wer wollte
zweifeln, dass genau dies beabsichtigt war.

Interessanterweise wird dieser Verlust an anderer Stelle
scheinbar wieder wettgemacht. Die Liste der Bauvorhaben enthält einen neuen Typus von Tempel, der ausdrücklich Nofretete
gewidmet ist; er trägt den ungewöhnlichen Namen »Schatten
des Re« oder Tempel des »Sonnenschattens«. Was hat es damit auf sich? In der neuen Sonnentheologie von Amarna ist der
Sonnenaufgang und der Lauf der Tagessonne das zentrale Motiv. In ihren Hymnen wird die Magie des Tagesanbruchs und
des Hier und Jetzt im »Lichtland des Aton« wieder und wieder
besungen, beispielhaft im Jubel der Geschöpfe:

Alle lebenden Pflanzen, die auf Erden wachsen,
gedeihen bei deinem Aufgang;
sie sind trunken von deinem Angesicht.
Alles Wild tanzt auf seinen Füßen,
die Vögel, die in den Nestern waren,
fliegen auf vor Freude;
ihre Flügel, die geschlossen waren,
spreizen sich in Lobgebärden,
für die lebendige Sonne, ihren Schöpfer.

Alle Kreatur springt beim Erscheinen der Sonne auf. Und aus
Dankbarkeit dafür, dass sie beschienen und durch die Strahlen
belebt wird, wirft sie ihren Schatten. Aber was bedeutet demge-
genüber »Schatten der Sonne«? Ganz offensichtlich ist hier das
Rätsel ihres abendlichen Untergangs berührt. Wohin geht die
Sonne, wenn sie am westlichen Horizont untergeht – und wie
gelangt sie zu ihrem östlichen Ausgangspunkt zurück? Keine
Frage hat das Denken der alten Ägypter so sehr beschäftigt wie
gerade diese (vorkopernikanische) Frage. Der Wechsel der
sichtbaren und unsichtbaren Sonne barg für sie das Geheimnis
von Leben, Tod und Wiedergeburt. Ausgerechnet der Sonnen-
priester *par excellence* auf dem Pharaonenthron, Echnaton,
blieb in diesem Punkt eine Antwort schuldig. Die Nekropolen
seiner Vorgänger waren traditionell mit Szenen aus der »Schrift
des verborgenen Raumes« dekoriert, dem sogenannten *Amduat* (»Was in der Unterwelt ist«). Die Bildfolge vergegenwärtigt
die gefahrvolle, sich über zwölf lange Stunden erstreckende
Nachtfahrt der Sonne. Sie zeigt, wie sehr die Sonne von den
Bewohnern der Unterwelt – den Seelen (Bas) und Göttern, den
Schatten und Verklärten (Achs) – ersehnt wird, weil den seligen
Toten nur durch den Herabstieg des Sonnengottes ein erneuer-
tes Leben einschließlich der Versorgung mit Atemluft, Nahrung
und Kleidung gesichert ist – wie umgekehrt den Verdammten
Bestrafung und Vernichtung ihrer Existenz. Sie zeigt aber auch,
wie sehr die Sonne ihrerseits angesichts einer Vielzahl feindli-
cher Wesen auf den Schutz und die Hilfe von Göttern, Menschen und Tieren angewiesen ist, um endlich die ersehnte Wiedergeburt als Morgensonne zu erlangen.

Im Sonnenstaat von Achetaton war die Nachtfahrt der Sonne und die Konfrontation mit den Chaosmächten des Jenseits
mit einem Tabu belegt. In den Hymnen wird der prekäre Zustand nach dem Untergang der Sonne mit dürren Worten als
todesähnlicher Schlaf umschrieben: »*Die Finsternis ist ein
Grab, die Erde liegt in Schweigen.*« Aber es scheint so, als habe
Echnaton den Erklärungsnotstand gespürt, in den er mit seiner

DIE DUNKLE SEITE DER SONNE

Die Tempel in Amarna unterschieden sich von den traditionellen Sakralbauten vor allem durch ihre Offenheit. Standen die Kultbilder der Götter bis dahin in dunklen Sanktuaren, so öffnete die Architektur der neuen Sonnentheologie die Tempel für das Erscheinen des Aton, dessen Kultbild die Sonne selbst war. Sie waren nach oben offene Bauwerke, deren Höfe und Innenräume mit ihren begehbaren Altären stets vom Sonnenlicht durchflutet werden konnten – und sollten. Man unterbrach sogar eigens die Türstürze der Durchgänge, um den auf den verschiedenen Tempelwegen schreitenden Prozessionen den ständigen Kontakt mit den Strahlen des Aton zu ermöglichen.

Dem Dogma der neuen Religion zufolge ruft die Sonne mit ihren Strahlen die Welt ins Leben und erhält sie durch ihr Scheinen am Leben. In auffälliger Weise wird in den Ritualtexten mit keinem Wort die zweite, zerstörerische Seite des Sonnenlichts erwähnt, die doch die Alltagswirklichkeit Ägyptens so sehr prägt: als brennende und sengende Hitze, die das Leben erst in den Abendstunden erträglich macht, wenn der kühlende Nordwind über das Land streicht. Mit Blick auf die besonderen klimatischen Bedingungen entpuppt sich der forcierte Atonkult des Echnaton ein weiteres Mal als religiöser Wahnwitz; er zwingt seine Anhänger dazu, den Gluthauch der Sonne – in den alten Mythen ein probates Mittel göttlicher Strafaktionen – als göttlichen Segen hinzunehmen und zu preisen. Einzig ausländische Potentaten, so scheint es, haben sich getraut, ihrem Unmut über diese Verrücktheit Luft zu machen. So beschwerte sich einst der Assyrerkönig Assuruballit (nachzulesen in einem der Amarnabriefe) darüber, dass seine Gesandten vor der Halle der Tributbringer stundenlang in der prallen Sonne ausharren mussten: »Man lässt sie in der Sonne sterben!«

exklusiven Religion des Lichts geraten war, und behutsam versucht, das *missing link* der Nachtsonne durch die Einführung von Sonnenschatten auszugleichen. Dass der erste dieser Tempel ausdrücklich Nofretete zugeeignet ist, könnte bedeuten, dass eine besondere Facette ihrer weiblichen Macht, die an anderer Stelle gerade beschnitten wurde, zur Geltung gebracht werden sollte: ihre Fruchtbarkeit, die sie mit der Geburt ihrer ersten beiden Töchter so eindrucksvoll unter Beweis gestellt hatte. Dann wäre der Sonnenschatten ein Ort gewesen, in dem Nofretete in der Rolle einer Fruchtbarkeitsgöttin mittels ritueller Handlungen die Wiedergeburt des Aton begleiten sollte. Für diese Deutung spricht, dass in Achetaton nach und nach allen weiblichen Mitgliedern der Königsfamilie ein Sonnenschatten-Tempel eingerichtet wurde – vielleicht nach der Geburt ihrer jeweils ersten Kinder (die ja als »Kinder des Aton« galten).

Die genaue Lage des auf den Grenzstelen genannten Sonnenschattens ist nicht bekannt; aber gemeinhin wird er mit dem Tempel von Kom el-Nana identifiziert, einem eigenständigen Kultbezirk am Rande der Südstadt. Zu dem ca. 200 x 220 m großen Komplex, der von einer hohen, mit Pfeilern verstärkten Mauer umschlossen wurde, zählten neben dem zentralen Tempel und einem kleineren Pavillon auch diverse Versorgungseinrichtungen wie Werkstätten, eine Bäckerei sowie eine Gärtnerei, dessen zu bewirtschaftender Boden in Form eines großen Gitters parzelliert war. Das Zentralgebäude – eine erhabene Plattform von knapp zwei Metern Sockelhöhe, zugänglich über zwei (vielleicht vier) Rampen – zeichnet einen in Achetaton sonst unbekannten Grundriss aus (Abb. 22). Die Zugänge führten zu einer geräumigen Säulenhalle, die ihrerseits drei über Treppen erreichbare Öffnungen in den Außenwänden aufwies. Es liegt nahe, hierin Fenster für eine Kommunikation mit der Außenwelt zu sehen – doch wohl in erster Linie mit dem auf seiner Bahn vorbeiziehenden Sonnengott selbst. Da sich die »Erscheinungsfenster«[16] nach Süden, Westen und Norden öffnen, wäre der lebende Aton am Mittag »im südlichen Lichtland« empfangen und am Abend

»im westlichen Lichtland« verabschiedet worden. Sein Ausbleiben im nördlichen Schattenland, die Eklipse des Re, hätte dann –
mit welchen rituellen Mitteln auch immer (vielleicht in der Form
des Hütens eines »ewigen Lichtes«?) – zu einer langen Nacht
der Aufbewahrung geführt.[17] Hier darf noch einmal der Faden
vom »blinden Orchester« aufgegriffen werden. Die mit symbolischer oder wirklicher Blindheit geschlagenen Musiker sind in der
Amarnakunst stets Männer, nie Frauen, die häufig genug an musikalischen Darbietungen beteiligt waren. Hier mag sich schlau
ein Geheimnis verstecken. Vielleicht lässt sich in Abwandlung
einer altägyptischen Redewendung, welche die Gottesferne mit
»die Dunkelheit am Tage sehen« umschreibt, eine Vorstellung
erahnen, die dem weiblichen Geschlecht die Gabe zuspricht, die
Sonne in der Nacht zu sehen. Die Hoffnung auf Geburt und Wiedergeburt lag (auch) in Amarna in den Händen der Frauen.

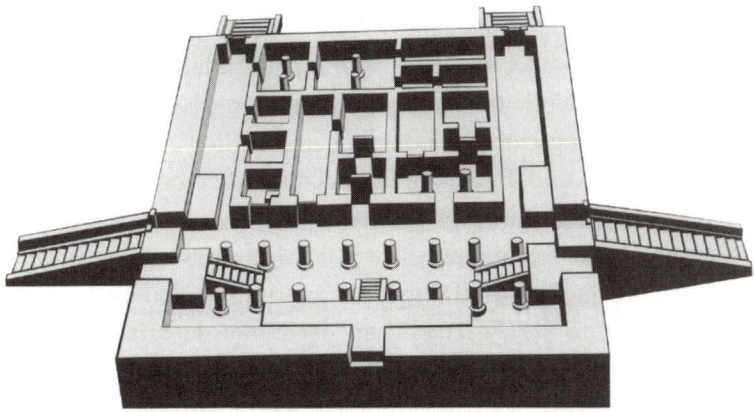

Abb. 22: Rekonstruktion der Anlage von Kom el-Nana

Mit ihren heranwachsenden Töchtern, der nach Achetaton
übergesiedelten Königsmutter sowie dem Auftauchen einer
geheimnisvollen Nebenfrau des Königs (Kija) war Nofretete –
in Karnak noch die uneingeschränkte Vertreterin weiblicher
Macht – nicht länger allein. Wenn wir den Zeitraum der frühen
und mittleren Amarnazeit ins Auge fassen – die Zeit vom Umzug

bis zum Jahr 12, dem wahrscheinlichen Geburtsjahr Tutanchatons, des einzigen Königssohns – erkennen wir, dass die Zahl
der weiblichen Mitglieder der Königsfamilie sprunghaft ange-
stiegen war: sechs Töchter der Nofretete und je eine Tochter
auf Seiten von Teje und Kija schlagen zu Buche. Drei erwach-
sene Frauen (die Königsmutter, die Große Königliche Gemahlin
und – wie sich zeigen wird – die Königsschwester) bilden mit
acht Prinzessinnen (ihren jeweiligen Töchtern) die machtvolle
Weiblichkeit der königlichen Familie – mit Echnaton als Hahn
im Korb und mutmaßlichem Vater all dieser Kinder.

Wie verwickelt diese vielschichtigen Familienbeziehungen in
Amarna waren, lässt sich gerade auch am Leitfaden der Sonnenschatten nachvollziehen. Tief im Süden der Bucht von Amarna
gab es neben Kom el-Nana einen weiteren königlichen Tem-
pel- und Gartenkomplex, Maru-Aton genannt. Diese Anlage
beeindruckt noch in der mühevollen Rekonstruktion als Ort
der Ruhe und Abgeschiedenheit. Sonnenbeschienene Gärten mit
schattigen Baumalleen, ein heiliger See und kleinere, T-förmige
Becken mit stilbildender Fußbodenbemalung (Abb. 23) lassen
ihn als Rückzugsort der königlichen Familie erscheinen, die
hier Erholung und Entspannung suchte. Aber er schloss auch
wichtige Kultstätten ein, darunter einen inschriftlich belegten
»Sonnenschatten der Königstochter Meritaton«, der ältesten
Tochter Nofretetes. Sorgfältige Untersuchungen haben ergeben,
dass der Name der Prinzessin an der Stelle des ausgehackten
Namens einer Königin zu stehen kam, die man lange Zeit mit
Nofretete identifizierte; dies vor allem wegen auffälliger Parallelen zum Nordpalast, einer Tempel- und Gartenanlage ähnlichen
Zuschnitts mit exquisiten, künstlerisch gleichwertigen Wandbe-
malungen, vor allem Darstellungen der Tierwelt im Binsengefil-
de des Nilufers. Auch hier wurde in späteren Jahren der Name
der Nofretete geändert: für Echnatons Tochter-Gemahlin Meritaton. In Maru-Aton aber bezogen sich die alten Inschriften
nicht, wie ursprünglich vermutet, auf Nofretete, sondern auf die
»andere Frau« des Königs, die schemenhafte Kija.

Bevor Meritaton aus ganz unterschiedlichen Gründen – im Fall Kija nahm sie den Platz einer Verstorbenen ein, im Fall Nofretete den der zur Mitregentin erhobenen Königin – dem Südpalast (Maru-Aton) wie dem Nordpalast ihren Stempel aufdrückte, wurden die beiden geographisch in Opposition stehenden Kultzentren offensichtlich von zwei Rivalinnen bewohnt und dominiert. Zugespitzt formuliert herrschte Kija im Süden, Nofretete im Norden des sich wie ein Band am Nil entlangziehenden Amarna. Nicht zuletzt wegen der kultisch-rituellen Konkurrenz in Sachen Sonnenschatten dürfte Kija für Nofretete eine Bedrohung dargestellt haben, die zu ignorieren sie sich nicht erlauben konnte.

Abb. 23: Fußboden-bemalung in der Gartenanlage von Maru-Aton

Eine ganz andere und anfänglich völlig unerwartete Konkurrenz erwuchs Nofretete in Gestalt ihrer Tante Teje. Mit ihrer verspäteten Übersiedlung nach Achetaton hat die immer noch vitale Königsmutter die neue Residenz keineswegs als Altersruhesitz verstanden, sondern sich vor Ort – ganz ihrem Naturell entsprechend – nach besten Kräften in die (Religions-)

Politik des Hofes eingemischt. Das eindruckvollste Zeichen einer Rückgewinnung ihres (schon verloren geglaubten) Einflusses ist die Übernahme eines Sonnenschatten-Tempels mitten im Kultzentrum, dem Großen Aton-Tempel. Ein Relief aus der Grabanlage des Huja, des Haushofmeisters der Teje, hat uns die betreffende Schlüsselszene bewahrt, die inschriftlich »Führung der Königsgemahlin und Königsmutter, um ihr ihren Sonnenschatten zu zeigen«, genannt wird (Abb. 24).

Abb. 24: Echnaton und seine Mutter Teje im neuen Sonnenschatten-Tempel (Detail)

Wir sehen den König, wie er unter dem Strahlenfächer des Aton seine Mutter liebevoll an die Hand nimmt und ins Innere des Tempels geleitet. Schon innerhalb der Mauern des *Gem-*

Aton geht der Blick durch das Eingangstor auf einen der offenen Höfe, in dessen Mitte sich ein mit Opfergaben überhäufter Steinaltar befindet. Echnaton trägt die blaue Krone und eine offene Tunika, die seine typischen Proportionen markant hervortreten lässt. Teje, auf dem Kopf die Hathorkrone, ist nahezu nackt und von ausgeprägt sinnlicher Präsenz, eine erotische Figur, wie wir sie von anderen Familienszenen der Amarnakunst kennen. Man gewinnt den Eindruck, hier schritten Liebende – und nicht ein Sohn mit seiner Mutter.

Die Ahnung, Echnaton könnte mit seiner Mutter eine intime Beziehung unterhalten haben, wird durch Nebenfiguren und Beischriften des Reliefs bekräftigt. Teje wird auf ihrem Tempelbesuch von ihrer Tochter Baketaton begleitet, die mit zwei Bediensteten unmittelbar hinter ihr steht. Die zugehörige Inschrift lautet: »Tochter des Königs von seinem Leibe, von ihm geliebt.« Das kann sich den Umständen zufolge nur auf Echnaton beziehen, den einzigen Amarnakönig weit und breit. Schon der mit Aton gebildete Name der Prinzessin, Baket*aton*, aber auch ihr mutmaßliches Alter – sie wird stets als junges Mädchen abgebildet, das vom Alter her ungefähr der um das Jahr 4 geborenen Meritaton entspricht – weist sie als ein Kind von Amarna aus.[18] Wir müssen uns, so scheint es, mit dem befremdlichen Gedanken vertraut machen, dass Teje mit ihrem Sohn tatsächlich eine inzestuöse Beziehung unterhalten hat, aus der ein Kind hervorgegangen ist. Diese Annahme gewinnt erheblich an Wahrscheinlichkeit dadurch, dass das genaue Pendant zum Mutter/Sohn-Inzest, der Vater/Tochter-Inzest, in Amarna gängige Praxis war – übrigens in der Nachfolge Amenophis' III., der die unselige Tradition von Tochterehen begründet hat. Echnaton selbst hat mit seinen drei ältesten Töchtern (Meritaton, Maketaton und Anchesenpaaton) Ehen vollzogen, aus denen ebenfalls Kinder hervorgegangen sind. Einige wiederverbaute Reliefblöcke aus Hermopolis belegen, dass diesen (nach traditionellem Verständnis illegitimen) Beziehungen mindestens zwei »Tochtertöchter« entstammten, Meritaton-tascherit und Anchesenpaaton-tascherit:

Tochter des Königs von seinem Leibe, von ihm geliebt, Meritaton-tascherit, geboren von der Tochter des Königs von
seinem Leibe, Meritaton.

Tochter des Königs von seinem Leibe, von ihm geliebt,
Anchesenpaaton-tascherit, geboren von der Tochter des
Königs von seinem Leibe, Anchesenpaaton.

Die wiederholte Namensbildung mit dem angehängten *tasche-
rit* bedeutet »Meritaton-die Kleine« bzw. »Anchesenpaaton-die
Kleine« (im Sinne von »die Jüngere«). Diese Weise der Benennung war in Amarna nicht unbekannt; in ganz ähnlicher Weise
wurde schon die vierte Tochter von Echnaton und Nofretete
benannt: Neferneferuaton-tascherit. Diese Ähnlichkeit spricht
für eine Familientradition und damit für die Authentizität der
Quellen. Umgekehrt spricht die wiederkehrende Filiationsformel »Tochter des Königs von seinem Leibe, von ihm geliebt«,
die auf die Töchter, die sog. »Tochtertöchter«, aber auch auf
Baketaton Anwendung findet, für die Identität eines einzigen,
gemeinsamen Vaters: des Echnaton.

Die erste Erkundung der besonderen verwandtschaftlichen Beziehungen, wie sie im Königshaus von Amarna geherrscht haben,
führt zu einem ganz erstaunlichen Ergebnis. Neben den Ehen mit
seiner Hauptgemahlin Nofretete und seiner zweiten »Gemahlin und Großen Geliebten« Kija hat der erste Amarnakönig mit
nicht weniger als vier weiteren weiblichen Familienangehörigen
ersten Grades Parallelfamilien gegründet: mit seiner Mutter und
mit dreien seiner Töchter. Aus all diesen Beziehungen sind (bis
zu dem hier ins Auge gefassten Zeitpunkt) ausnahmslos Töchter
hervorgegangen. Inwieweit die sich hier aussprechende Maßlosig-
keit des Königs, seine für uns befremdliche Bereitschaft zu einem
ausufernden Inzest, allein dem Wunsch nach einem männlichen
Thronfolger geschuldet war, ist schwer einzuschätzen. Aber ganz
gewiss war dessen Ausbleiben die brennende Sorge des Hofes.

Die inzestuöse Familienstruktur dürfte zu großen Teilen für das
amarnatypische Phänomen der Ununterscheidbarkeit zwischen

den Geschlechtern und Generationen verantwortlich sein, über
dessen kunstgeschichtliches Erscheinungsbild so viel geschrieben wurde. In guter Übereinstimmung mit psychoanalytischen
Erkenntnissen unserer Zeit ist davon auszugehen, dass für die
Preisgabe dieser Grenzen das Beziehungsmuster einer sog.»Er-
satzpartnerschaft« (Thea Bauriedl) verantwortlich ist, das die
grundsätzlich trianguläre Struktur der einzelnen Familienbeziehungen in Frage stellt. D.h. unter den Bedingungen des Inzests
kann kein Dreieck (nach der Grundform Mutter-Vater-Kind)
erlebt werden; jede Dreiecksbeziehung zerfällt in Zweierbezie-
hungen, die jeweils den feindlichen Ausschluss des Dritten be-
dingen.

Für uns greifbar ist die Macht der Gefühle vor allem im Kampf
der Frauen um die Gunst des Königs; ein Kampf, der freilich als
muntere Abfolge amouröser Abenteuer missverstanden wäre.
Es ging vielmehr um die Macht selber, weil der Triumph weiblicher Einflussnahme auch am Königshof von Achetaton letztendlich darin bestand, den Kronprinzen zu gebären. Aus diesem
Grund kann das Stichwort vom Sonnenschatten als Chiffre für
eine ganz andere Finsternis dienen, dessen Fürst Echnaton selber
war. Im »Horizont des Aton« allein das beschauliche Refugium
eines Gottsuchers sehen zu wollen, der in seiner grenzenlosen
Menschenfreundlichkeit das Licht Atons nicht zu trüben vermochte, hieße, sich in naiver Weise einer Täuschung hinzuge-
ben. Die neue Gottesstadt muss jenseits des schönen Scheins
vom gottgleichen Sonnengeschlecht (auch) als ein Ort Shake-
speare'schen Zuschnitts wahrgenommen werden. Ein unerbittli-
ches Realitätsprinzip diktierte das Geschehen. Im wechselvollen
Kampf um die Rolle der *Première Dame* am Hof drehte sich
auch hier alles um Kabale und Liebe, Eifersucht und Intrige.
Nicht anders als im Religionskrieg mit der Amunpriesterschaft
lauerte auch im internen Machtkampf der Aton-Familie hinter
der Fassade einer schillernden Liebe zu Aton Hass und Gewalt.
Genau vor dieser Kulisse spielt der nächste Auftritt der Nofretete auf dem beschwerlichen Weg zur Alleinherrschaft.

DRITTER AUFTRITT

Amarna – zwischen Nordpalast und Südpalast

Anders als die unter den Royals weit verbreitete Praxis der Geschwisterehe, die sich auf das mythische Vorbild von Isis und Osiris berufen konnte, bedeutete der Inzest zwischen Vater und Tochter resp. Mutter und Sohn auch für altägyptische Verhältnisse einen Bruch mit der göttlichen Ordnung, der *Maat*. Gerade weil ein solches Verhalten durch keinen göttlichen Präzedenzfall legitimiert war, muss es in den Augen der Zeitgenossen als befremdlich, ja verabscheuenswürdig erschienen sein. Dass es in Amarna die Gerüchteküche befeuerte, darf getrost unterstellt werden; ob es aber das Zeug hatte, über das städtische Gerede hinaus in einen handfesten Skandal umzuschlagen, ist schwer einzuschätzen und unmöglich zu belegen. Wir wissen einfach nicht, wie die Ägypter auf den doppelten Anspruch des Sonnengeschlechts von Achetaton: weder Normalsterbliche noch gewöhnliche Götter zu sein, reagiert haben. Was wir einzig rekonstruieren können, ist der Grund, warum die Familienbeziehungen innerhalb der heiligen Atonfamilie letztlich aus den Fugen gerieten. Es lag an der verfehlten neuen Thronfolgeregelung.

Seit ihrem ersten Auftreten im thebanischen Karnak war der gottgleiche Status des Königspaares von den beiden realen Abstammungslinien, dem Geschlecht der Thutmosiden auf der einen, dem Haus Juja auf der anderen Seite, abgekoppelt. Ihrem mythologischen Index nach galten Amenophis IV. und Nofretete als Verkörperungen von Schu und Tefnut, dem ersten gegengeschlechtlichen Zwillingspaar des Urgottes Atum. Nach der Lehre der neuen Sonnenreligion trat das Königspaar als verjüngtes

Götterkinder-Paar des Aton in Erscheinung, wobei ihr Verhältnis
untereinander von Parität geprägt war und Aton den Status eines
androgynen Lebensgottes anfänglich beibehielt. »*Du bist Mutter und Vater für die, die du geschaffen hast*«, heißt es in einem
frühen Hymnus von ihm. Als Amarnakönig hat Echnaton dann
beide Koordinaten nach und nach verschoben. In der neu fest-
gesetzten Familienhierarchie von Achetaton nahm Nofretete einen nachrangigen Platz ein, während der Sonnengott zu einem
Vatergott mutierte, der ein exklusives Verhältnis zu seinem Sohn
unterhielt.

Die Aufwertung der Position des Königs konnte sich durchaus
auf den zugrunde gelegten heliopolitanischen Mythos berufen.
Bei der Schilderung der Geburt von Schu und Tefnut vergisst der
heilige Text nicht, den Vorrang des männlichen Götterkindes
zu betonen, des Luftgottes, »der als Erster aus dem Mund des
Atum herauskam«. Im Licht dieser Tradition kann man noch
einmal die Kühnheit ermessen, mit der Teje und ihre Berater
daran gingen, im Dekorationsprogramm der frühen Atontempel
nicht Amenophis/Schu, sondern Nofretete/Tefnut als Erste auf
die Bühne treten zu lassen. Es hat rückblickend den Anschein,
als hätten sie die mythische Vorlage im Sinne einer Verkehrung
des Geschlechterverhältnisses umgeschrieben. Insofern kann die
Reaktion Echnatons auch als Pendelschlag verstanden werden,
der ein erstes Extrem in sein genaues Gegenteil umschlagen lässt.
Der Vorrang, welcher der weiblichen Macht in den Thebaner
Jahren eingeräumt wurde, schloss aber eine weibliche Thronfolge weiterhin aus. Diese lag seit der Erhebung Satamuns, der
bevorzugten Königstochter Amenophis' III., zur Großen Königlichen Gemahlin gleichsam in der Luft; die Inthronisierung eines
»weiblichen Königs« war aber offensichtlich immer noch nicht
durchsetzungsfähig. Genau diese Blockade sollte Folgen haben.

Jenseits der mythologischen Einbettung war die Eheschlie-
ßung zwischen Amenophis IV.-Echnaton und Nofretete nichts
anderes als die Bekräftigung der ebenso ehrgeizigen wie erfolgreichen Heiratspolitik des Hauses Juja. Weit von jeder erdfernen

Göttlichkeit entfernt, standen die Akteure hier auf dem Boden mondäner Eitelkeiten. Was sich im Fall der Mutemwia, der Schwester des Juja und nachmaligen (Neben-)Gemahlin Thutmosis' IV., noch weitgehend dem Zufall verdankte, wurde schon eine Generation später in feste Gleise gelenkt: Der männliche Spross der Thutmosiden, Amenophis III., heiratete mit Teje eine Cousine mütterlicherseits, die Tochter des Mutterbruders Juja. In der nachfolgenden Generation wurde diese Präferenzheirat wiederholt und damit die neue Abstammungslinie endgültig festgeschrieben. Amenophis IV., der nächste Kronprinz, heiratete mit Nofretete wiederum die Tochter des Mutterbruders Eje. An die Stelle der lange Zeit vorbildlichen Geschwisterehe (zwischen dem Kronprinzen und der ältesten Königstochter) war die Kreuzkusinenheirat getreten. In diesem System wiederholt der Sohn des Königs mit der Heirat der matrilateralen Kreuzkusine die Heirat seines Vaters, während die Nichte der Königin mit der Heirat des Kreuzvetters die Heirat ihrer Tante wiederholt.

Die Kreuzkusinenheirat stellt nicht nur keine ungewöhnliche, sondern eine in vielen Kulturen vorbildliche Heiratsform dar. Lévi-Strauss begreift die Präferenzheirat zwischen Kreuzvettern und Kreuzkusinen geradezu als Mittelpunkt der Heiratsinstitutionen in vielen alten Kulturen. Aber im pharaonischen Ägypten war das System einer bilinearen Deszendenz, bei dem die väterliche und mütterliche Linie unbeschadet des Gefälles königlicher und nicht-königlicher Herkunft gleichberechtigt waren, unbekannt. Wohl kam es immer wieder vor, dass der Kronprinz aus einer Verbindung des Königs mit einer Haremsdame hervorging. Doch dies waren stets Einzelfälle, die keine Tradition begründeten. Schlimmstenfalls konnte der Streit zwischen mehreren Bewerbern in eine Haremsverschwörung umschlagen – so geschehen unter Ramses IV., der einem solchen Komplott zum Opfer fiel. Kam umgekehrt die männliche Nachfolge zum Erliegen, war ein gangbarer Weg, den Spross einer Seitenlinie durch die Verheiratung mit der Erbprinzessin als Thronnachfolger zu legitimieren. Das war bei Thutmosis I. der Fall, der die königliche Abstammungs-

linie der Thutmosiden anführt. Er war mit seinem Vorgänger
Amenophis I. nicht verwandt und erlangte das Thronrecht durch
Heirat mit dessen Tochter, Prinzessin Ahmose. Nach Erwerb
der Königswürde griff erneut die klassische Erbfolge. Praktisch
nie kam es über eine sich wiederholende Einheirat seitens einer
nicht-königlichen Linie zu einer neuen, einvernehmlichen Thronfolgeregelung, die über mehrere Generationen Bestand hatte.

Die Heiratspolitik der Juja, die gleichsam auf legalem Wege
einen sanften, weil stufenweisen Dynastiewechsel anstrebten,
war also ganz und gar außergewöhnlich – aber nichtsdestoweni-
ger auch störanfällig. Die neue Thronfolgeregelung war nämlich
ihrerseits an gewisse Bedingungen geknüpft. Die fortgesetzte Verbindung eines Thutmosiden-Königs mit einer Juja-Königin setzt
naturgemäß die biologische Existenz eines Thutmosiden-Sohnes
auf der einen, einer Juja-Tochter auf der anderen Seite voraus.
Wurde dem regierenden Königspaar kein Sohn geboren oder
war umgekehrt keine neue Heiratskandidatin aus dem Haus Juja
in Sicht, kam es zu einer inneren Blockade der neuen Heirats-
regelung. In Amarna lief alles auf diesen Störfall hinaus. Da die
eleganteste Lösung, die Öffnung in Richtung einer weiblichen
Thronfolge (etwas wie die »pragmatische Sanktion« zugunsten
Maria Theresias in der Habsburger Monarchie), nicht vorgesehen war, mussten sich nach Lage der Dinge alle gebärfähigen
weiblichen Mitglieder der königlichen Großfamilie als Sexual-
partner des Königs zu Verfügung halten. Ein Sohn für den König, so lautete die oberste Maxime. Ein Rückgriff auf einfache
Haremsfrauen war wegen der Inanspruchnahme einer exklusiven Göttlichkeit des Königshauses ausgeschlossen. Die heilige
Aton-Familie steckte gleichsam in der Falle: Alle Versuche, sich
am eigenen Schopfe aus den Untiefen der inzestuösen Verstri-
ckung zu befreien, führten nur umso weiter in dessen Mahlstrom
hinein. Und so nahm (in den Worten der griechischen Tragödie)
»der sich fortzeugende Frevel« seinen Lauf. Die Geburt des er-
wünschten Sohnes wurde zum Zankapfel eines lang andauern-
den Machtpokers unter den weiblichen Royals.

1. Szene: Eine Königin Ohnesohn

Die eheliche Verbindung zwischen Amenophis IV.-Echnaton
und Nofretete dürfte zeitlich mit dem Sed-Fest zusammengefallen sein, das im dritten Regierungsjahr in Karnak gefeiert
wurde. Dafür sprechen unter anderem eine höchst ungewöhnliche Abbildung des königlichen Bettes sowie die Darstellung
von »Hathor-Tänzen« – eine Dublette von rituellen Ereignissen früherer Sed-Feste, die offenbar auf die »Heilige Hochzeit«
zwischen Amenophis III. und Teje anspielen. Da in den Szenen
vom Sed-Fest noch keine der Prinzessinnen in Erscheinung tritt,
dürfte die älteste Tochter Meritaton (»Geliebte des Aton«) frü-
hestens gegen Ende dieses Jahres geboren worden sein. Maketaton (»Beschützt von Aton«), die zweite Tochter, tritt das
erste Mal auf einer der frühen Grenzstelen auf, findet sich nachträglich aber auch auf einigen Talatatblöcken aus Karnak; das
spricht für eine Geburt um die Jahreswende vom vierten zum
fünften Jahr. Die dritte Prinzessin, Anchesenpaaton (»Sie lebt
durch Aton«), wird im Jahre 6 oder 7 zur Welt gekommen sein,
vielleicht schon in Achetaton. Mit Sicherheit lässt sich erst von
Neferneferuaton-tascherit (»Schön ist die Schönheit des Aton«-
die Kleine) – der Tochter, der die Ehre zuteil wurde, den langen
Namen ihrer Mutter zu tragen – sagen, sie sei im wahrsten Sinne
des Wortes ein Kind von Amarna. Ihre Geburt ist zugleich vor
das Jahr 9 zu datieren, dem Jahr, in dem die königliche Titulatur
des Aton noch einmal geändert wurde; der dogmatische Name
des Gottkönigs lautete jetzt: »*Lebendiger Re, der Herrscher im
Horizont, der jubelt im Horizont in seinem Namen des Re, der
Vater, der zurückgekommen ist als Aton.*« Der Wegfall des (zuvor mit Re verbundenen) Namens *Harachte* (»Horizontischer
Horus«) und die Hervorhebung des traditionellen Namens des
Sonnengottes durch Doppelnennung waren Ausdruck einer bemerkenswerten Umgewichtung der solaren Gottesteilchen – mit
der Folge, dass die Namen der nachgeborenen Töchter nicht

länger mit Aton, sondern mit Re gebildet wurden: Neferneferure
(»Vollkommen ist die Vollkommenheit des Re«) und Setepenre
(»Erwählt von Re«). Diese beiden jüngsten Töchter wurden also
höchstwahrscheinlich nach dem Jahr 9, aber ebenso vor dem
Jahr 12 geboren, denn beim großen Defilee des »Tributs der
Fremdländer«, das in dieses Jahr fällt, glänzen alle sechs Töch-
ter durch ihre Anwesenheit – offensichtlich gesund und munter.

Mit diesem (wie sich zeigen wird, auch aus anderen Gründen
bedeutsamen) Jahr scheint für Nofretete die Zeit des Gebärens
zu Ende gegangen zu sein; jedenfalls taucht die auf sie gemünzte
Filiationsformel »geboren von der Großen Königlichen Gemahlin« kein weiteres Mal mehr auf. Wenn die Königin ihre erste
Tochter im Alter von ca. 15 Jahren zur Welt gebracht hat, dann
steht sie jetzt etwa in der Mitte ihrer Zwanziger (Abb. 25). Ein
neuer Lebensabschnitt kündigt sich an, eine Zeit also, Bilanz zu
ziehen, die politischen Ambitionen anhand der Gegebenheiten
zu überprüfen und neue Pläne ins Auge zu fassen.

Die furiosen Auftritte der frühen Thebaner Jahre hatten die
junge Juja-Königin, ausgestattet mit den Insignien einer gottgleichen Gefährtin des Aton, aus dem Stand ins Zentrum der
Macht katapultiert. Aber es handelte sich bei der von einer
inszenierten Aufbruchstimmung getragenen Erhöhung ihrer
Person um Akte einer symbolischen Religionspolitik, weniger
um konkretes Regierungshandeln. Der abrupte Umzugsentschluss ihres Gatten durchkreuzte alle Pläne einer nachhaltigen
Absicherung der dem Haus Juja zugefallenen Macht in Richtung eines dynastischen Wandels. Der Neuanfang in Achetaton
unter Führung eines ebenso enthusiastischen wie intoleranten
Echnaton, aber auch die lange Folge kräftezehrender Schwangerschaften verwies Nofretete ins zweite Glied. Nach den Jahren
eines göttlichen Glamour forderte die andere, biologische Seite
der weiblichen Macht ihr Recht – in Form der unaufhebba-
ren Bringschuld, dem König Kinder zu schenken, darunter den
ersehnten Sohn. Mit sechs Schwangerschaften innerhalb eines
Jahrzehnts hat Nofretete ihr regeneratives Soll wahrlich erfüllt.

Dennoch fiel die Bilanz unter dem Gesichtspunkt der Sicherung der Thronfolge ernüchternd aus: Nofretete, die vielfache Mutter, blieb letztlich eine Königin Ohnesohn.

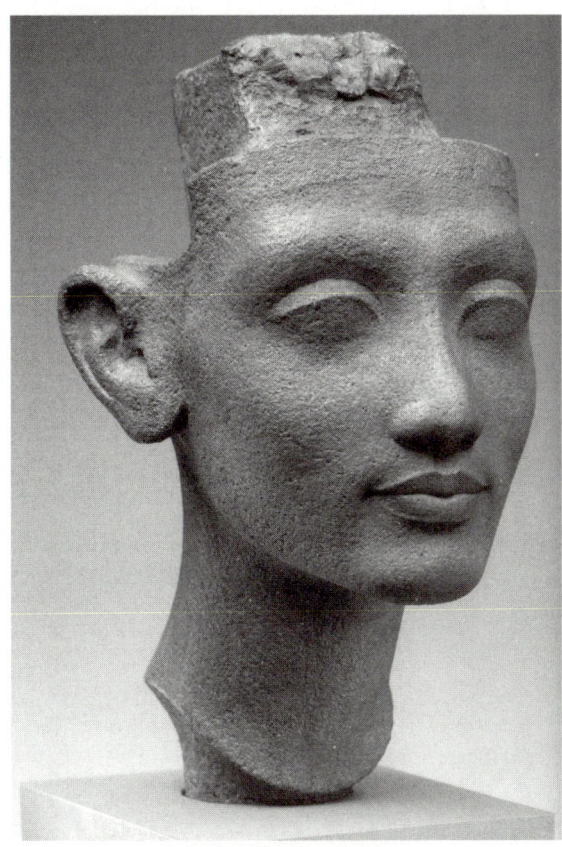

Abb. 25: Kopf der Nofretete (Teil einer Kompositfigur aus der Bildhauerwerkstatt des Thutmosis)

Rang und Titel einer »Königsmutter«, die ihre Vorgängerinnen Mutemwia und Teje groß gemacht hatten, waren für Nofretete unerreichbar geworden. Umso erstaunlicher, dass sich in den zahlreichen Darstellungen der Amarnakunst nicht ein Gran Enttäuschung über den ausschließlich weiblichen Kindersegen ausmachen lässt. Im Gegenteil, die mit jeder Geburt bestätigte Übermacht der Weiblichkeit am königlichen Hof wird geradezu gefeiert und zelebriert. Die nackten Körper der

Prinzessinnen muten mit ihren überproportional gestalteten
Unterleibspartien, die ihre Gebärfähigkeit (über)betonen, wie
wiedergeborene Muttergottheiten an. Und auch die kahlgescho-
renen Köpfe mit ihren Blasenschädeln, die vom beständigen We-
hen des Sonnenwindes verformt zu sein scheinen, haben etwas
von Fruchtbarkeitssymbolen an sich (Abb. 26). Erinnern sie
nicht an Schalen, in deren Hülle (wie es im Großen Sonnenhymnus heißt) »das Küken im Ei« auf seine Zeit wartet?

> Wenn das Küken im Ei
> in der Schale redet,
> dann gibst du [Aton] ihm Luft darinnen, um es zu beleben.
> Du hast ihm seine Frist gesetzt,
> (die Schale) zu zerbrechen im Ei;
> es geht heraus aus dem Ei,
> um zu sprechen zu seiner Frist;
> es läuft auf seinen Füßen, wenn es herauskommt aus ihm.

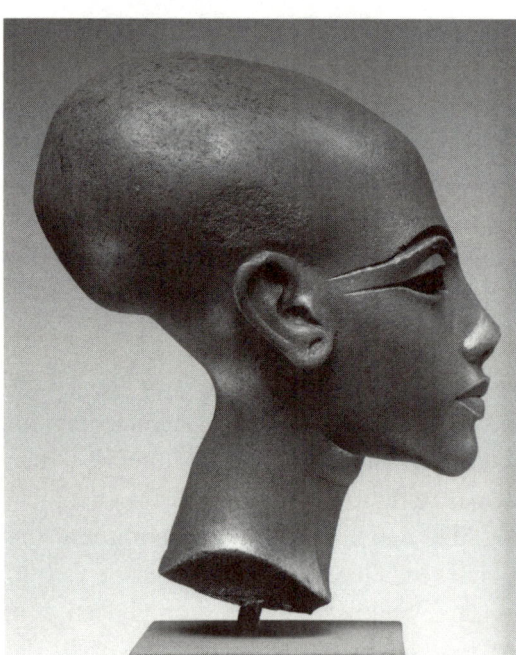

Abb. 26:
Statuenkopf
einer der Amarna-
Prinzessinnen

Das weibliche Gefolge des Aton ist ein starkes Geschlecht, aber es braucht zu seiner Vollkommenheit den Vater (Aton) und den Sohn (Echnaton) – und bewährt sich letztendlich allein durch die Geburt des nachfolgenden Sohnes und Kronprinzen. So will es die Königsideologie von Amarna, deren Einbettung in eine weitschweifige Naturphilosophie nicht darüber hinwegtäuschen kann, dass ihre Rhetorik – anders als in den frühen Sprüchen auf den Tempelreliefs von Karnak – einen unverkennbar patriarchalen Akzent angenommen hat. Aton wird im Sonnengesang ausdrücklich gepriesen als der,

der den Samen sich entwickeln lässt in den Frauen,
der Wasser zu Menschen macht;
der den Sohn am Leben erhält im Leib seiner Mutter
und ihn beruhigt, indem er seine Tränen stillt.

Nofretete war und blieb die Große Königliche Gemahlin an der Seite ihres Gemahls, doch offensichtlich war sie nicht länger die Große Geliebte des Gottes, der dafür sorgte, dass sie »das lebende Abbild des Aton« austrug und in Achetaton zur Welt brachte. Aber ohne Sohn drehte sich das Rad von Geburt und Wiedergeburt auch ohne sie weiter. Als sich herausstellte, dass ihr letztes Kind wiederum eine Tochter war, begann für sie deshalb die arge Zeit des Wartens. Sollte einer anderen Frau der königlichen Familie gelingen, was ihr nicht vergönnt war? Ihre (ältesten) Töchter waren in diesem denkwürdigen Spiel um die Macht allenfalls Konkurrentinnen in der Warteschleife, denn sie hatten ihr gebärfähiges Alter noch nicht erreicht.[19] Königin Teje – die umgekehrt dabei war, die Grenze der Gebärfähigkeit zu überschreiten – hatte sehr früh unter Einsatz ihres Körpers (und gewiss aus Sorge um ihr Lebenswerk) am sexualpolitischen Roulette teilgenommen; aber mit der Geburt einer weiteren Tochter (Baketaton) war nichts gewonnen. Hätte sie einen Sohn geboren, wäre Teje als zweifache Königsmutter in die Geschichte eingegangen. Es kam anders. Echnatons Mutter war, allein schon aus Altersgründen, fortan aus dem Spiel.

Die wirkliche Konkurrentin der Nofretete stammte, wenig
überraschend, aus der letzten verbliebenen Gruppe der Weiblichkeit am Hof, dem Kreis der Schwestern des Königs. Echnaton
hatte nachweislich vier namentlich bekannte Schwestern; es sind
dies (bei insgesamt unsicherer Geschwisterfolge) Henuttaunebu,
Nebetah, Satamun und Isis – allesamt Kinder der Vor-Amarnazeit, von denen aufgrund der hohen Kindersterblichkeit gewiss
nicht alle den Anbruch der neuen Epoche erlebt haben dürften.
Nach der herrschenden Etikette bei Hof müsste im Fall einer Geschwisterehe mit dem Bruder die Älteste der überlebenden Kö-
nigstöchter zum Zuge gekommen sein. Es ist Satamun, die sich
hier als Kandidatin aufdrängt. Sie ist die einzige Schwester, die
uns als eine lebendige Persönlichkeit gegenübertritt und über
vorhandenes Quellenmaterial Indizien für ein Überleben in der
Regierungszeit ihres Bruders Echnaton anbietet. Hier sind vor
allem zwei Funde aus Amarna von Belang, darunter eine be-
schriftete Alabastervase, die in Theben (wo Satamun mutmaßlich weiterhin lebte) gefertigt wurde und von dort nach Achetaton gelangte; sie trug ursprünglich folgende Widmung: *Die
Königstochter und Königsgemahlin Satamun, Tochter des Guten
Gottes Nebmaatre, dem Leben gegeben ist wie Re; geboren von
der Großen Königlichen Gemahlin Teje, möge sie leben für immer.*[20] Weil der mit Amun gebildete Geburtsname der Satamun
(»Tochter des Amun«) in Amarna verpönt war, musste er getilgt
und überschrieben werden. Es stand aber für die Schwester des
Königs, aus welchem Grund auch immer, zu diesem Zeitpunkt
offenbar noch kein neuer, Aton-konformer Name zur Verfügung.
Man half sich aus der Verlegenheit, indem man *Satamun* durch
Nebmaatre (den Thronnamen ihres Vaters) ersetzte – ganz so,
wie man es in Amarna zu tun pflegte, wenn man den ebenfalls
mit Amun gebildeten Geburtsnamen des verstorbenen Königs
Amenophis (»Amun ist gnädig«) zu schreiben hatte. Es passt zum
Spiel mit wechselnden Identitäten, das für Amarna so typisch ist,
dass Satamun dort zunächst unter dem Decknamen ihres Vaters
auftauchte – und damit für die Nachwelt verborgen blieb.

Abb. 27: Bildnis einer Amarnakönigin (mutmaßlich Satamun)

Für Satamun (Abb. 27) spricht auch die Vorgeschichte der Thronfolge. Als Königsgemahlin Amenophis' III. (ihres Vaters) war sie ihrem namensgleichen Bruder Amenophis an Rang anfänglich überlegen gewesen, wurde dann jedoch bei der Nachfolgeregelung übergangen. Es wäre durchaus plausibel, wenn sie sich anschließend der forcierten Atonbewegung ihres Bruders (darunter der Welle eilfertiger Namensänderungen) verweigert und den Lauf der Dinge in der Palaststadt von Malqata abgewartet hätte.

Angesichts der verfahrenen Situation in Sachen Thronfolge (dem Ausbleiben eines männlichen Erben) könnte es für die royalistische Partei eine Genugtuung gewesen sein, die zuvor ausgebootete Satamun als »zweite Frau« des Königs erneut ins Rennen zu schicken und ihr so den ersehnten Aufstieg doch noch zu ermöglichen. Das Problematische dieser Rekonstruktion besteht indes darin, dass diese Frau in den überlieferten Dokumenten einen völlig anderen Namen trägt: Kija, deren offizielle Titulatur sich so liest:

Gemahlin und Große Geliebte des Königs von Ober- und
Unterägypten, der von der Wahrheit lebt, Echnaton, das
vollendete Kind des lebenden Aton, das leben wird jetzt und
auf ewig, Kija.

Kija ist an sich kein unbekannter Name. Er enthält die Grund-
bedeutung »Affe«, was dafür spricht, dass es sich um einen Ko-
senamen handelt – sinngemäß übersetzt etwa »Äffchen«. Aus-
gesprochen wurde er Kije, ein Umstand, der den Ägyptologen
Cyril Aldred zu einer interessanten Überlegung angeregt hat.
Ihn erinnert *Kije* an den Klang der Namen aus dem Haus Juja
– Namen wie Jej, Jij, Teje, Eje, Tij. Ist die Wahlverwandtschaft
zufällig oder handelt es sich bei Kije um einen der verfügbaren
Namen aus dem Pool des Juja-Klans, die sich bei ähnlichem
Klang nach Geschlecht und Generation abwechselten, als va-
riierten sie ein gemeinsames Thema? Könnte es sein, dass Juja
und Tuja, die Großeltern der Teje-Töchter, eine ihrer Enkelin-
nen mit diesem Namen gerufen haben? Wenn wir dem Raum
geben, wäre sofort (wiederum) an Satamun zu denken. Von ihr
ist überliefert, dass sie als Grabbeigabe für ihre verstorbenen
Großeltern mütterlicherseits zwei wertvolle Sessel gestiftet hat;
das darf als deutliches Zeichen einer besonderen Verbundenheit
und Zuneigung verstanden werden. Bei Satamun könnte es sich
also um jene Lieblingsenkelin gehandelt haben, die den Kose-
namen Kija erhielt. Genau dieser Name wäre dann an die Stelle
ihres alten Eigennamens (und des vorübergehenden Platzhalters
Nebmaatre) getreten. Ähnlich könnte es sich mit ihrem neuen,
ungewöhnlichen Titel verhalten haben. Wird Kija der Rang
einer Großen Königlichen Gemahlin in Amarna vorenthalten,
weil Satamun ihn bereits in Theben trug? Oder hat sich Nofretete erfolgreich dagegen gewehrt, dass *ihr* Titel ein zweites Mal
vergeben wird? Wie auch immer, mit »Große Geliebte des Königs« wäre dann die Ersatzformel gefunden worden, unter der
Satamun alias Kija ihre zweite Karriere beginnen konnte. Lady
Kija kam als Äffchen des Königs an den Hof von Amarna.[21]

Kija (Abb. 28) war also alles andere als eine einfache Haremsdame, die es zur »Nebenfrau« des Königs geschafft hatte, sondern vielmehr ein hochrangiges Mitglied der königlichen Familie. Aus diesem Grund beanspruchte sie im Süden Achetatons eine eigene Domäne (Maru Aton) und spielte folglich auch im Atonkult eine wichtige Rolle – wie der bereits erwähnte Sonnenschattentempel eindrucksvoll belegt. Das zutage geförderte Material spricht dafür, dass Kija zumindest für einige Jahre die große Gegenspielerin der Nofretete war und dieser den Rang einer *First Lady* streitig machte. Ein Relieffragment zeigt die Köpfe von Echnaton und Kija eng beieinander und praktisch im gleichen Maßstab, wie wir es sonst nur von Echnaton und Nofretete kennen. Auf einer anderen Darstellung erscheint sie hinter dem König schreitend, während gleichzeitig zwei Nofretete-Töchter in Verehrung auf dem Boden liegen.

Abb. 28:
Kanopenbüste
der Kija
(aus dem Thebaner
Grab KV 55)

Auftritte wie diese zerstören nicht nur die alte Mär vom mo-
nogamen Königspaar, die als Ausweis einer neuen Sittlichkeit
so gut zum angeblich ersten Monotheismus der Weltgeschichte
gepasst hat. Sie lassen auch erwarten, dass aus der Verbindung
von Echnaton und Kija Kinder hervorgegangen sind – diente
doch ihre eheliche Verbindung in erster Linie genau diesem
Zweck. Entsprechende Funde deuten genau in diese Richtung.
Auf einem Relief des New Yorker Brooklyn Museums sehen
wir Kija, wie sie – ganz im Stil der frühen Amarnazeit – unter
dem Schutz des Strahlenaton zärtlich ihre Tochter küsst. Kein
Zweifel, dass wir hier ein Kind Echnatons vor uns haben, seine
achte (für uns leider ohne Namen gebliebene) Tochter von der
insgesamt dritten Frau.

Die Existenz einer weiteren Tochter musste Nofretete – ähnlich wie im Fall der Baketaton – nicht weiter bekümmern. Es
gibt jedoch starke Hinweise darauf, dass dies nicht das einzige
Kind war, das Kija dem König geboren hat. Eine heiße Spur
führt in das Königsgrab von Amarna, in dem die »Gemahlin
und Große Geliebte des Königs, Kija« mutmaßlich beigesetzt
wurde. Dafür spricht unter anderem, dass Teile ihrer Grabausstattung genau in jenem Grab (KV 55), in das Echnaton
resp. dessen Mumie nach der Aufgabe von Amarna umgebettet
wurde, wieder aufgetaucht sind. Im sogenannten Raum Alpha
des Königsgrabes hat sich ein Relief erhalten, das in zwei Bild-
registern die Geburt eines Kindes und nachfolgend die Trauer
um den Tod einer königlichen Person darstellt (Abb. 29). Die
verwirrende Szenenfolge lässt sich als Umschlag eines zunächst
freudigen Ereignisses in sein genaues Gegenteil deuten.[22] Im
oberen Bildabschnitt sieht man das Königspaar mit den führenden Hofbeamten und Hofdamen versammelt, um die ersehnte
Ankunft eines Prinzen zu bezeugen – und (wie die beladenen
Tische am oberen Bildrand andeuten) zu feiern. Während das
königliche Kind, dessen Status durch den Fächer angezeigt
wird, von einer Amme hinausgeführt wird, deuten die Gesten
des in den Geburtsraum blickenden Königspaares Unheil an. Im

unteren Bildabschnitt wird der Grund des Umschlags offenbar. Auf einer Bahre liegt eine königliche Frau, wahrscheinlich die Mutter des Neugeborenen, die (vielleicht noch im Wochenbett) kurz nach der Geburt gestorben zu sein scheint und nun vom Königspaar im Verein mit Klageweibern (aber ohne die nur als Zeugen der Geburt geladenen Hofbeamten) betrauert wird. Bezeichnenderweise zeigt der vorn stehende Echnaton die größere Bestürzung, denn er fasst Halt suchend die Hand der hinter ihm stehenden Nofretete. Das könnte dafür sprechen, dass die Verstorbene dem König sehr nahe stand. Auffällig weiterhin, dass die Königin ihren Gatten (leicht, aber deutlich) an Größe übertrifft – ein beispielloser Vorgang in der Amarnakunst, der die Szenenfolge als ein einschneidendes, das Machtgefüge innerhalb der königlichen Familie berührendes Ereignis ausweist.

Abb. 29: Relief im Königsgrab von Amarna, das möglicherweise die Geburt Tutanchatons und den Tod seiner Mutter Kija darstellt.

Wenn Kija, wie es ihr Status als Gemahlin des Königs erwarten lässt, im Königsgrab von Amarna bestattet wurde, dann könnte es sich beim Raum Alpha sehr wohl um ihre Grabkam-

mer handeln. Und was hätte näher gelegen, als das bedeutendste
Ereignis ihres Lebens auf einer der Wände zu verewigen: die
Geburt des einzigen Sohnes Echnatons, des nachmaligen Thron-
folgers, der den Geburtsnamen Tutanchaton (»Lebendes Abbild
des Aton«) erhielt? Für die Stimmigkeit dieses so wichtigen
Steins im Puzzle von Amarna sprechen eine Reihe von Fakten,
die sich erstaunlich passgenau anschließen lassen. Die Geburt
Tutanchatons, der als Kindkönig im Alter von nur 9 Jahren auf
den Thron Ägyptens gelangen sollte, muss um das Jahr 12 der
Regierung seines Vaters Echnaton erfolgt sein; das ist eben die
Zeit, in der Kija für uns von der Bildfläche Achetatons verschwin-
det. Aus der Tatsache, dass Kija bereits Mutter einer Tochter war,
folgt, dass Tutanchaton eine Schwester gehabt haben muss. Genau dies scheint ein Reliefblock aus Hermopolis mit dem Bildnis
einer Prinzessin zu belegen, der gemeinhin als Pendant eines ähnlichen Blockes angesehen wird, der Tutanchaton gewidmet ist
und diesen als »leiblichen Sohn des Königs« auszeichnet. Auch
eine späte Entdeckung beim Roten Kloster von Sohag – einem am
westlichen Nilufer gegenüber von Achmim (Tejes Heimat) gelegenen Ort – passt in das Bild. Dort fand man das Grab eines
gewissen Sennedjem, dem offensichtlich die Erziehung des jungen Prinzen anvertraut war. Der Grund, warum Tutanchaton
seine Kindheit außerhalb Amarnas in der Gegend von Achmim
verbracht hat, könnte gerade darin liegen, dass seine Mutter
Kija verstorben war und sich seine Großmutter ersatzweise um
ihn kümmerte. Die Zuneigung und Fürsorge, die Teje dem
schutzbedürftigen Kronprinzen angedeihen ließ, hat ihren stärksten Ausdruck in einem Familienerbstück von sentimentalem
Wert gefunden, das im Grab Tutanchamuns entdeckt wurde: einer Haarlocke der großen Königin.

Es sind immer wieder belanglose Funde wie diese Locke,
die sich mit bedeutenden Inschriften und erlesenen Skulpturen
nicht messen können, aber dann völlig unvermutet auf ihre
Art dazu beitragen, ein lang gehütetes Geheimnis zu lüften. Es
war diese Haarlocke, die über einen Vergleich mit dem Haar

DNA-Analyse an Mumien

Im Jahre 2010 wurden die Ergebnisse einer (von der ägyptischen Altertümerverwaltung initiierten) DNA-Studie publik gemacht, bei der erstmals die genetischen Fingerabdrücke von Mumien der Amarnazeit verglichen wurden. Die Abgleichung der Daten funktioniert über mathematische Modelle, das heißt, eine Software sucht nach charakteristischen genetischen Markern und berechnet Wahrscheinlichkeiten für Übereinstimmungen im Erbgut von Dreierkonstellationen Vater-Mutter-Kind. Auf diese Weise wurde unter anderem das Verwandtschaftsdreieck von Amenophis III., Teje (als KV 35 EL) und Echnaton (als Mumie von KV 55) als eindeutige Eltern-Kind-Beziehung bestätigt. Parallel dazu ergab sich mit Blick auf die dritte Generation, dass es sich bei der umstrittenen Mumie von KV 55 (die lange mit Semenchkare identifiziert wurde) um den Vater von Tutanchamun handeln muss. Damit war die These vom angeblichen »Notbegräbnis« des Semenchkare vom Tisch – und Platz geschaffen für die Annahme, dass Echnaton (der Vater) durch Tutanchamun (den Sohn) vom Königsgrab in Amarna in das Thebaner Grab KV 55 umgebettet wurde.

Die wirkliche Überraschung lag im Nachweis der Mutterschaft im noch offenen Dreieck von Vater (Echnaton)-Mutter (N.N.)-Kind (Tutanchamun). Der vergleichende DNA-Test ergab, dass es der genetische Fingerabdruck der sogenannten »jüngeren Dame« von KV 35 war, der die Lücke der noch unbesetzten Mutter zu schließen vermochte; und mehr noch: Die Übereinstimmung im Erbgut von Vater (KV 55) und Mutter (KV 35 YL) war so groß, dass es sich bei den Eltern von Tutanchamun um Geschwister gehandelt haben muss. Echnaton hat der Untersuchung zufolge seinen einzigen Sohn mit einer seiner Schwestern gezeugt. Damit war das Tableau der inzestuösen Verwandtschaftsbeziehungen, das bislang um drei inschriftlich bezeugte Tochterehen Echnatons kreiste, um einen spektakulären Fall reicher.

der rätselhaften sogenannten »Älteren Dame« (aus dem Grab
KV 35) den Beweis erbracht hat, dass es sich bei jener Mumie
um Königin Teje handeln muss. Von Teje wissen wir, dass sie –
nicht anders als Kija – im Königsgrab von Amarna (AT 26)
bestattet wurde, allerdings nicht in einem Nebenraum, sondern
im Zentrum der Anlage selbst, der Königskammer, direkt an
der Seite ihres Sohnes. Im Zuge der großen Umbettungsaktion
königlicher Mumien am Vorabend der Aufgabe von Achetaton,
die Echnatons Leichnam in das ominöse Grab KV 55 brachte,
wurde die Mumie Tejes aller Wahrscheinlichkeit nach endlich
an der Seite ihres wahren Ehemannes beigesetzt, im Königsgrab
Amenophis' III. (KV 22). Erwähnen wir kurz, dass diese Grabanlage im Thebaner (West-)Tal der Könige ursprünglich für die
zusätzliche Aufnahme von *zwei* königlichen Frauen konzipiert
wurde; neben Teje als Hauptgemahlin war auch ein Platz für
die Tochtergemahlin Satamun vorgesehen. Von KV 22 gelangte
Tejes Mumie etwa 300 Jahre später in das Grab Amenophis'
II. (KV 35), das in dieser Zeit als Mumienversteck eingerichtet
wurde.[23] Seit ihrer Auffindung firmiert sie deshalb unter dem
Kürzel »KV 35 EL« (= Elder Lady). Teje tat diese letzte Reise
jedoch nicht allein; an ihrer Seite befand sich, wie zu erwarten, ihr Mann Amenophis III., aber erstaunlicherweise noch
eine weitere Mumie, die einer (den späteren Ausgräbern unbekannten) »jüngeren Dame«. Diese große Unbekannte, die das
enigmatische Kürzel »KV 35 YL«(= Younger Lady) erhielt, ist
die heimliche Zentralgestalt im Kampf der königlichen Frauen
um die Thronfolge. Denn die Entschlüsselung ihres genetischen
Fingerabdrucks im Rahmen einer vergleichenden DNA-Unter-
suchung an den erhaltenen Mumien von Amarna ergab, dass es
sich bei ihr nicht nur um die Mutter Tutanchatons handelt, sondern zugleich um eine Schwester des Echnaton. Der DNA-Test
nennt keine Namen; und doch lautet die Pointe: Die »jüngere
Dame« ist – eingekleidet in die Gewänder der historisch bezeugten Personen – zur einen Hälfte mit Satamun, zur anderen
Hälfte mit Kija identisch.

Die Auflösung des Rätsels ergibt sich, wenn wir den verschlungenen Umbettungsweg der Mumien gleichsam in umgekehrter Richtung zu Ende gehen. Amenophis III. gelangte in das Mumienversteck in Begleitung zweier Damen, bei denen es sich nur um die Mumien seiner beiden Königlichen Gemahlinnen, Teje und Satamun, handeln kann, für die in KV 22 eigene Grabkammern existierten. Tejes Leichnam wurde aus Amarna überführt; doch wie gelangte Satamun in das Grab Amenophis' III.? Schlagartig wird klar, dass Teje schon das Königsgrab von Achetaton nicht allein verließ, sondern in Begleitung der jüngeren Dame aus dem Raum Alpha, in dem ihre Tochter unter dem Namen Kija ruhte. Mit dem DNA-Test als *missing link* bestätigt sich, dass es sich bei Kija und Satamun um ein und dieselbe Person handeln dürfte. Die beiden Hälften gehören zusammen.

Nofretete, die »bürgerliche« Königin aus dem Hause Juja, hatte mit Satamun-Kija eine Gegnerin, die als Tochter eines Königs, Gemahlin eines Königs und Mutter eines Königssohnes alle Register weiblicher Macht zu ziehen vermochte. Als »Große Geliebte des Königs« hat Echnatons Schwester, die mit ihrem Erscheinen in Amarna der in den Hintergrund gedrängten Institution der Geschwisterehe zu neuem Glanz verhalf, ihrer schönen Cousine den Rang abgelaufen. Die Einbuße an Prestige und die Zurücksetzung durch Echnaton dürfte Nofretete als eine ganz persönliche Kränkung erlebt haben. Als ihre ärgste Feindin plötzlich starb, bot sich ihr unversehens die Gelegenheit, die offene Rechnung zu begleichen und die königliche Familie in ihrem Sinne neu aufzustellen.

2. Szene: Eine neue Familienaufstellung

Die Reaktion der Nofretete ließ nicht lange auf sich warten. Die Bildfolge im Raum Alpha des Königsgrabes von Amarna lädt, wie gesehen, zu der Deutung ein, dass Kija noch im Kindbett starb. Aber selbstverständlich ist der skizzenhaften Darstellung nicht zu entnehmen, *wie* die Mutter Tutanchatons zu Tode kam und wie viel Zeit zwischen der Geburt und ihrem Ableben verging. Zwischen beiden Ereignissen können einige Tage, aber durchaus auch ein oder zwei Wochen gelegen haben; und natürlich kann man im Wochenbett auch eines unnatürlichen Todes sterben. Eine erschreckend klare Auskunft gibt der Autopsiebefund der Mumie von KV 35 YL. Das Gesicht der »jüngeren Dame« ist entstellt; ihre linke Wange weist eine klaffende Wunde auf, die ihr mit einem harten Gegenstand beigebracht worden sein muss (Abb. 30). Es gibt nur die eine Alternative. Entweder fiel sie einem Mordanschlag zum Opfer oder sie wurde posthum geschändet.

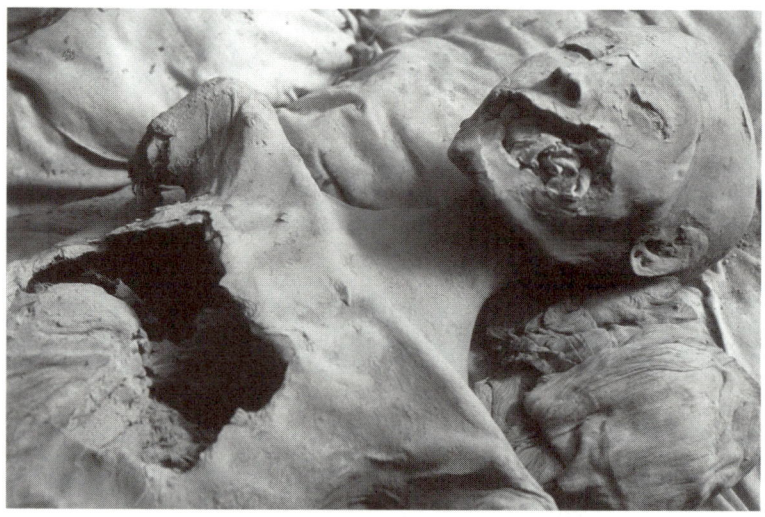

Abb. 30: Mumie der »Jüngeren Dame« aus KV 55. Schwere Verletzungen deuten auf ein gewaltsames Ende hin.

Im Licht jenes dramatischen Familienkonflikts zwischen den beiden Ehefrauen Echnatons fällt es nicht schwer, die Drahtzieherin des Komplotts ausfindig zu machen. Nach Lage der Dinge kommt für diese Rolle nur Nofretete in Frage, die »eigentliche« Gattin des Königs, deren Eifersucht in ein Rachebedürfnis umgeschlagen zu sein scheint. An keiner Stelle der rekonstruierbaren Geschichte wird der schöne Schein der Amarnakönigin, wie er in der Berliner Büste seinen höchsten Ausdruck gefunden hat, so jäh durchbrochen wie an dieser, an der Nofretete die Rolle der Intrigantin, ja Schurkin spielt. Sichtbar werden die verzerrten Züge der verstoßenen Ehefrau, die ihre Zurücksetzung nicht ertragen kann, die nicht trauern will, sondern – eine zweite Medea – blindwütig zuschlägt. Wer diesen Hass verstehen will, muss die Liebe sehen, die mit dem Erscheinen der neuen »Großen Geliebten« des Königs enttäuscht wurde.

Der Zufall hat uns ein einzigartiges Zeugnis dieser Liebe erhalten. An der Bodenplatte des (für die Zweitbestattung Echnatons verwendeten) Königssarges, an einer Stelle, an der für gewöhnlich Worte der Isis stehen, die sich an den toten Osiris wenden, hat Nofretete in zwölf engen horizontalen Zeilen einen sehr persönlichen Spruch für ihren Gatten hinterlassen:

> Möge ich den erquickenden Hauch atmen, der aus deinem Munde kommt. Möge ich deine Vollendung erblicken alle Tage. Mein Wunsch ist es, dass ich deine süße Stimme im Nordwind höre, dass sich mein Leib im Leben deiner Liebe verjünge. Mögest du mir deine beiden Arme geben mit deiner Lebenskraft, damit ich sie entgegennehme und davon lebe. Mögest du meinen Namen rufen in Ewigkeit, ohne dass er vergeht in deinem Mund.

Die schönen Worte, die Nofretete ihrem verstorbenen Mann auf dem langen Weg in die Ewigkeit mitgegeben hat, vermögen uns noch heute zu berühren. Sie treffen uns wie ein Licht, das ein längst erloschener Stern vor mehr als 3000 Jahren aussandte. Aber dies ist nicht das Licht des lebenden Aton; es ist die Wärme eines liebenden Herzens. Wenn wir diesem poetischen Text, der kunstgeschichtlich als ein Vorläufer der Liebeslyrik aus der Spätzeit des Neuen Reiches einzustufen wäre, irgend Authentizität zubilligen, dann hätten wir in ihm das Zeugnis einer starken, aber auch schutzbedürftigen Bindung vor uns. Wir könnten so besser verstehen, warum der als Verrat empfundene Verlust der zentralen Stellung einer Großen Königlichen Gemahlin an der Seite Echnatons die Königin in Raserei versetzte. Die ihr jäh aufgezwungene Rolle, zeitweise die von der Liebe des Königs ausgeschlossene Dritte zu sein, hat das Maß des Erträglichen ganz offensichtlich überschritten.

Nofretete gibt uns auf ihre Art zu verstehen, dass die Schönheit des neuen Sonnengeschlechts auch des Schrecklichen Anfang war. Und wenngleich selber Opfer einer verschlungenen (und verschlingenden) Sexualpolitik des Hofes, so hat sie an dem sich fortzeugenden Frevel doch deutlich ihren Anteil. Die Gewalttat, die Satamun-Kija als noch lebende Person oder als Mumie traf, war nur der Auftakt eines regelrechten Rachefeldzuges gegen die verhasste Schwester des Königs. In Amarna fiel das Gedächtnis der Kija einer wütenden Verfolgung anheim. Keines ihrer Reliefs blieb unberührt; manche wurden ausgemeißelt oder zu Bildnissen anderer Personen (den Töchtern der Nofretete) umgearbeitet, andere in bösartiger und nie gekannter Weise attackiert, indem man zum Beispiel die Augen der Porträtierten ausstach. Diese symbolische Verfemung und Schändung blieb nicht auf die neue Hauptstadt beschränkt. Sie hat in Theben ihr genaues Pendant gefunden, wo die Verfolgung (wie zum endgültigen Nachweis der Identität der beiden Namensträgerinnen) Satamun traf. In Karnak sind die Umarbeitung eines Reliefs der Königstochter am 3. Pylon sowie die Abtragung einer ihrer Statuen am 10. Pylon nachweisbar. Im Bezirk des Totentempels Amenophis' III. von Theben-West zeugt ein ausgehackter Kartuschenname der Satamun sowie die Zerstörung ihrer zum Ensemble der Memnonkolosse gehörenden Figur von dem umfassenden Versuch, ihr Gedächtnis zu tilgen.

Die Verfolgungskampagne der Nofretete erinnert nicht von ungefähr an den großangelegten Vernichtungsfeldzug, den ihr Gemahl in etwa zeitgleich auf dem Gebiet der Religionspolitik entfesselte und der das Land einige Jahre in Atem hielt. Echnatons

Die religiöse Verfolgung unter Echnaton

Die gängige Vorstellung einer landesweiten Verfolgung der alten Götter, die das gesamte altägyptische Pantheon traf, deckt sich nicht mit den neuesten Befunden. Das Aushacken von Namen und Bildern, aber auch das Schließen der Tempel geschah eher sporadisch und traf bei weitem nicht alle Götter. So blieben beispielsweise Atum und Uto weiterhin in Ehren, die Chnum-Tempel im nur 25 Kilometer von Amarna entfernten Neferusi ebenso in Betrieb wie auf der tief im Süden gelegenen Insel Elephantine. Götter wie Ptah oder Thot wurden verschont oder geduldet, andere wie Osiris einfach übergangen. Aufgefundene Hausaltäre bezeugen den anhaltenden Kult der beliebten Schutzgötter Bes und Thoeris und damit das Weiterleben einer tiefsitzenden Volksfrömmigkeit. Einen systematischen Vernichtungswillen zog in erster Linie Amun (und abgestuft seine Gefährtin Mut) auf sich – und dies vor allem in Theben. Und doch hat die Erinnerung an das meistverfolgte Götterpaar in Form theophorer Personennamen selbst in Amarna überleben können.

Diese differenzierte Wahrnehmung nährt den Verdacht, dass wir es nicht mit dem Ausagieren eines anti-polytheistischen Affekts zu tun haben, ausgeführt durch »den ersten Monotheisten der Weltgeschichte«. Vielmehr kann die irritierende Unübersichtlichkeit als Spiegelbild der inneren Zerrissenheit Echnatons verstanden werden. Mit dem versuchten Sturz des Amun ist nicht das alte Pantheon gemeint, sondern ganz offensichtlich eine bestimmte Vaterfigur. Aton und Amun heißen die beiden miteinander kämpfenden Väter in der Brust des Echnaton. Das heißt, im Gottesstaat von Amarna hat der junge König seine Hass-Liebe gegenüber seinem leiblichen Vater Amenophis III. nach beiden Seiten hin ausagiert: in Richtung einer bedingungslosen (Allein-)Verehrung und der eines symbolischen (Vater-)Mordes.

Wut richtete sich in erster Linie gegen den alten Göttervater
Amun, dessen physische Existenz in gleicher Weise ausgelöscht
werden sollte. Wenn wir uns das Aushacken der Namen und Bil-
der Amuns auf unzähligen Tempelwänden und Obelisken,
Schreinen und Gräbern vor Augen halten, dann wird deutlich,
dass der Tatbestand einer symbolischen Tötung der Gottheit erfüllt ist. Nofretete selbst ist als religiöse Fanatikerin nicht hervorgetreten; aber ihre eigenen finsteren Machenschaften hat sie
wohl nur im aufgeheizten Klima der religiösen Verfolgung,
gleichsam im Windschatten des Bildersturms ihres Gatten, in
Szene setzen können.

Die Tilgung der Namen der Satamun-Kija, jene andere (und
weniger bekannte) *damnatio memoriae* von Amarna, war nur
der erste Schritt zur faktischen Übernahme von Besitz und Privilegien der alten Namensträgerin. Der Fall des Südpalastes
von Maru-Aton, in dem Kija residierte, ist am besten dokumentiert. Hier wurden alle Namensinschriften, die auf Kija und
den Namen ihrer Tochter lauteten, nicht nur beseitigt, sondern
durch den Namen der ältesten Tochter Nofretetes ersetzt. Statt
»Gemahlin und Große Geliebte, Kija«, »die Königsgemahlin
Kija« oder »die Königstochter, von ihm geliebt, (...)²⁴, geboren
von der Gemahlin und Großen Geliebten des Königs, Kija« las
man stereotyp »die Königstochter Meritaton«. Nofretetes älteste Tochter füllte im Spiel einer gnadenlosen Erinnerungspolitik aber nicht nur symbolisch eine Lücke; sie nahm den Palast
damit auch wirklich in Besitz, und das heißt: eine Domäne mit
regelmäßigen Einkünften und wirtschaftlichen Interessen wie
etwa dem ertragreichen Weinanbau.

Ein anderer Fall war die Übernahme der einst von Kija dominierten kultischen Zentren samt den dazu gehörigen rituellen Verpflichtungen. So wurde etwa der Sonnenschattentempel
»im Haus des Aton in Achetaton«, den die »Große Geliebte des
Königs, Kija« geleitet hatte, von der dritten Tochter Nofretetes
übernommen, »der Königstochter, von ihm geliebt, Anchesenpaaton«. Auch im kultischen Betrieb brachte also Nofretete ihre

Töchter anstelle der verhassten Kija in Stellung. Die Neuaufstellung der Familie, die hier sichtbar wird, ist nicht allein als Reaktion einer gekränkten Seele zu verstehen; sie bedeutete über die private Sphäre hinaus auch eine Säuberung von der stärker thutmosidischen Linie des thebanischen Königshauses. Jedenfalls wurde die Tochter der Kija gleichsam in Sippenhaft genommen; sie verschwand mit Kija von der Bildfläche. Nofretetes rigorose Personalpolitik lag also ganz im Interesse des Hauses Juja.

Anders als mit Kijas Tochter verhielt es sich indes mit Tutanchaton, dem gemeinsamen Sohn von Echnaton und Kija. Der Kronprinz, einziger männlicher Spross innerhalb der Aton-Familie und (nachmalig) letzter Thutmoside auf dem Thron Ägyptens, war für Nofretete (vorerst) unantastbar. Die schützende Hand des Königs lag auf ihm, vielleicht doppelt fest, weil der Prinz augenscheinlich von schwächlicher Konstitution war.[25] Eine unvollendete Statuette, die zu den Funden der Ausgrabungen Ludwig Borchardts aus dem Jahr 1912 zählt, könnte diesen Sachverhalt zum Ausdruck bringen (Abb. 31). Ein thronender König, der niemand anderer als Echnaton sein kann, küsst eine kleinere, auf seinem Schoß sitzende Figur. Es ist nicht abgemacht (wie immer wieder nachlässig kolportiert wird), dass es sich bei dieser Figur um Kija oder Nofretete oder eine der Töchter des Königs handelt. Gerade wegen des dogmatisch-strengen Aufbaus der Skulptur, der sich auf Vorbilder aus dem Alten Reich berufen kann und für die revolutionäre Amarnakunst eigentlich untypisch ist, könnte hier die rituelle Anerkennung des Königssohnes (Tutanchaton) durch den Pharao (Echnaton) dargestellt sein.

Es ist einer der ironischen Winkelzüge innerhalb der Amarnaforschung, dass die beschriebenen Namenstilgungen und Überschreibungen lange Zeit als Anzeichen einer ungünstigen Wende in Nofretetes Schicksal verstanden wurden: sie sei in Ungnade gefallen oder, schlimmer noch, verstorben. Dergleichen gehört längst der Vergangenheit an. Hintergrund dieser Fehlinterpretation ist ein Namenswechsel der Königin, der aber gerade nicht

Abb. 31: Gruppenstatue des Echnaton und einer unbekannten
königlichen Figur (möglicherweise des Tutanchaton)

auf ein »Verschwinden« oder gar »Ableben« verweist, sondern
umgekehrt Ausdruck einer Erhöhung ihres Status war – von
jenem einer Königin zu dem einer Mitregentin. Um das Jahr 12,
dem mutmaßlichen Todesjahr der Satamun-Kija, nahm *Nefer-*
neferuaton-Nofretete (so die vollständige, aus Atonnamen und
Geburtsnamen zusammengesetzte Titulatur der Königin) eine

in Kartuschen gesetzte Königstitulatur an. In der neuen Rollengestalt hieß sie fortan *Anchetcheprure-Neferneferuaton*, eine Verbindung des ihr neu zugeschriebenen Thronnamens (»Lebend sind die Erscheinungen des Re«) mit ihrem Atonnamen. Ihr Geburtsname Nofretete, ihr ältestes und stärkstes Identitätsmerkmal, wurde nicht länger gebraucht; und wer sie unter diesem Namen suchte, dem mochte es so erscheinen, als wäre sie als Person von der Bildfläche verschwunden – und eine andere, sonst unbekannte Person an ihre Stelle getreten.

Vielleicht ist das ungewöhnliche Größenverhältnis des Königspaares, wie es das sogenannte Trauerrelief im Raum Alpha des Königsgrabes zeigt, als erstes Indiz der neuen Rangordnung zu verstehen – als Andeutung eines (gleichsam noch inoffiziellen) Größerwerdens der Nofretete im Sinne eines Machtzuwachses, ausgelöst durch den Tod ihrer ärgsten Konkurrentin Kija. Der offizielle Segen, das heißt die Erhebung zur gleichberechtigten (gleichgroßen) Mitregentin ist der Königin dann anlässlich der Feierlichkeiten des »Überbringens der Tribute« zuteil geworden, die – wie alte Inschriften festgehalten haben – »im Jahr 12, im Monat 6, am Tag 8« stattfanden bzw. begonnen haben. In den Gräbern zweier hochrangiger Beamter, den Vermögensverwaltern Huya und Merire II., die in Diensten zweier mächtiger Frauen (der Königsmutter Teje resp. der Großen Königlichen Gemahlin Nofretete) standen, ist das zeremonielle Großereignis in feinteiligen Reliefs dokumentiert worden (Abb. 32). Man muss genau hinschauen, um erkennen zu können, dass auf dem Thron (hinter dem übrigens in zwei Reihen alle sechs Prinzessinnen abgebildet sind), nicht allein der König Platz genommen hat, sondern ihm hautnah zur Seite auch die Königin. Der neue Stand der Ebenbürtigkeit des Königspaares ist in stilistisch einzigartiger Weise dargestellt: Nofretetes Kontur erscheint bei nahezu identischer Linienführung als eine Dublette des Körpers von Echnaton. Es ist gerade so, als ob die verschmelzenden Silhouetten von König und Königin die künftige Einheit ihrer Herrschaft betonen sollten.

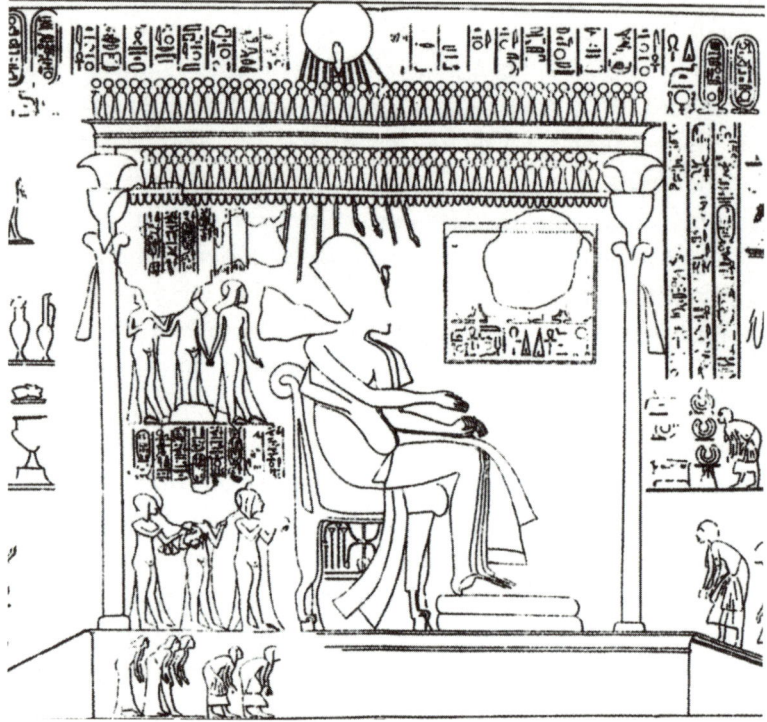

Abb. 32: Echnaton und Nofretete als miteinander verschmolzenes Königspaar beim »Empfang des Tributs« (Detail)

Nach den Höhen und Tiefen des ersten Halbjahres (Geburt des Thronfolgers Tutanchaton, Tod der Satamun-Kija) fand die Neuordnung der Macht im zweiten Halbjahr des schicksalsträchtigen Jahres 12 mit der Inthronisierung Nofretetes zur Mitregentin ihren vorläufigen Abschluss. Vieles spricht dafür, dass nicht das Eintreffen der ausländischen Gesandten mit ihren exotischen Gaben die Gelegenheit bot, die neue Doppelspitze pharaonischer Macht in der Öffentlichkeit zu präsentieren. Es dürfte sich umgekehrt verhalten haben. Die ebenso weichenstellende wie hochritualisierte Statuserhöhung der Nofretete war das eigentliche Fest, zu dessen prunkvoller Feier die zahlreichen Tributbringer aus Zypern, Palästina, Syrien, Mitanni, Hatti, Punt,

Kreta und Mykene bestellt wurden. Für diese Deutung spricht auch die Platzierung der Reliefs. Die beiden Grabherren, Huya und Merire II., waren in der Güterverwaltung der königlichen Familie tätig und somit von Amts wegen mit dem Empfang und der Verteilung der Tribute befasst. Sie haben also auf den Wänden ihrer Grabkammern in erster Linie Höhepunkte ihrer Arbeit bebildert, die geeignet waren, ihren Ruhm zu mehren. Aber es ist zugleich auffällig, in welchem Kontext die Reliefs stehen. Im Fall des Huya ist genau gegenüber der Tributszene die Darstellung der Einführung der Teje in ihren Sonnenschattentempel zu finden. Im Fall des Merire II. steht die einzig erhalten gebliebene Darstellung der Meritaton als Königsgemahlin an der Seite König Semenchkares in unmittelbarer Nähe zum Tributrelief (trotz der großen zeitlichen Spanne, die wir zwischen beiden Ereignissen veranschlagen müssen). Gemeinsam ist allen Bildern also die Erhöhung weiblicher Macht; das gilt über drei Generationen hinweg gleichermaßen für Teje, Nofretete und Meritaton.

Am Ende des Jahres 12 hat Nofretete den Rang der First Lady, den ihr Satamun-Kija streitig gemacht hatte, wieder eingenommen. Mehr noch, sie ist aus dem Kampf um Anerkennung, den sie mit der Schwester des Königs ausgefochten hat, gestärkt hervorgegangen. Ausgestattet mit dem Thronnamen einer Mitregentin vermag sie ihren Einfluss auf die Politik des Hofes erheblich zu steigern. Sie scheint sich hierbei auf ihre (ältesten) Töchter gestützt zu haben, die sie auf wichtige Stellen positioniert und mit Pfründen und Privilegien versorgt. Meritaton und Anchesenpaaton wirken wie Delegierte ihrer Mutter, über den Gottesstaat von Amarna verteilte Statthalterinnen der mütterlichen Macht. Nach außen sieht es so aus, als sei eine Art von Konsolidierungsphase angebrochen. Doch dieser Eindruck trügt. Über den Horizont des Aton spannt sich nach wie vor ein geteilter Himmel, durchkreuzt von zwei Konfliktlinien, die jede Menge Sprengstoff bergen.

Da ist zunächst Tutanchaton, der Kronprinz und Thronanwärter in Wartestellung. Er wird, wie bereits kurz angesprochen, wohl außerhalb von Amarna aufgezogen und erzogen worden sein; aber seine pure Existenz muss Nofretete als eine permanente Bedrohung empfunden haben. Während Echnaton mit großer Selbstverständlichkeit in seinem Sohn den natürlichen Nachfolger, den nächsten irdischen Vertreter Atons und damit den Garanten des Sonnengeschlechts von Amarna erblickt haben dürfte, wird Nofretete in ihm den potentiellen Rachegeist seiner Mutter gefürchtet und den Vernichter der dynastischen Träume des Hauses Juja gehasst haben. Tutanchaton stand ganz offensichtlich nicht nur unter dem Schutz des Königs, sondern auch unter dem der immer noch mächtigen Königsmutter. Als Teje gegen Ende des Jahres 14 starb, verschoben sich die Gewichte der Macht noch einmal. Die Große Teje wurde aufwendig im Königsgrab von Amarna bestattet und dort (wie ein Wandrelief festhält) vom Königspaar betrauert. Die Bestattung Tejes in der Grabkammer Echnatons, an der Stelle, die für die Große Königliche Gemahlin vorgesehen war, muss Nofretete einen Stich versetzt haben. Sie dürfte über die Missachtung ihres unantastbaren Vorrechts *not amused* und ihre Krokodilstränen deshalb keiner Rede wert gewesen sein. Der Wegfall der schützenden Hand der Großmutter scheint aber die Sicherheit des jungen Kronprinzen nicht weiter tangiert zu haben. Tutanchaton wuchs, offensichtlich wohl behütet, heran, um dereinst das Erbe seines Vaters anzutreten. Nofretete, seine Stiefmutter, tat derweil alles, um genau dies zu verhindern. Für beide galt: *The readiness is all.*

Die zweite Bruchlinie verlief zwischen Nofretete und Echnaton, und zwar entlang der Reihe ihrer Töchter. Nach dem Ausbleiben eines gemeinsamen Sohnes hatten der König und die Königin mit den Prinzessinnen Unterschiedliches im Sinn. Nofretete mochte für einige Zeit gehofft haben, mit ihren sechs stattlichen Töchtern über ein Pfund zu verfügen, mit dem sich gegen den schwächlichen Knaben Tut wuchern ließe. Echnaton dagegen – besorgt über die Lebenserwartung seines einzigen Sohnes – scheint seine Töchter im Licht der neuen Königsideologie als göttliche Haremsdamen verstanden zu haben, mit denen er mindestens einen weiteren Sohn zu zeugen beabsichtigte. Dieses Drama eskalierte ebenfalls um das Jahr 14, als nämlich Maketaton, die zweitälteste Tochter, überraschend starb. Erhaltene Darstellungen der Totenklage um die Verstorbene zeigen, wie ein Baby auf den Armen einer Amme getragen wird. Man vermutet deshalb, dass Maketaton im Wochenbett gestorben ist.[26] Da aber als Vater niemand anderer als Echnaton in Frage kommt, kann die bittere Folgerung nur lauten: Die gerade einmal zehnjährige Maketaton starb bei der Geburt eines Kindes, das aus der inzestuösen Verbindung mit dem Vater hervorgegangen ist.

Neben Maketaton hat Echnaton zwei weitere Tochterehen vollzogen, mit der ältesten Tochter Meritaton und der dritten Tochter Anchesenpaaton. Die Kinder aus diesen Verbindungen haben überlebt und sind urkundlich bezeugt, aber es handelte sich bei ihnen wiederum um zwei Töchter: (die bereits erwähnten) Meritaton-tascherit und Anchesenpaaton-tascherit. Die anstößigen Tochterehen waren also auch sexualpolitisch ein Desaster. Für Nofretete hielten sie jedoch noch einen weiteren Schaden bereit. Ihre Töchter, einst Trumpfkarten im Spiel um den Sieg der weiblichen Macht, waren gleichsam aus dem magischen Kreis einer für möglich gehaltenen weiblichen Erbfolge ausgeschert. Echnaton verlieh ihnen nach und nach den Titel einer Königlichen Gemahlin. Damit war ihr Weg als Gattinnen zukünftiger Pharaonen (die dann in Gestalt von Semenchkare und Tutanchamun auch wirklich die Bühne von Amarna betraten) vorgezeichnet, aber eben nicht als Trägerinnen der gestiegenen Ambitionen des Hauses Juja, wie Nofretete sich das erhofft hatte. Nofretete war die dritte Juja-Königin in Folge, aber die erste ihres Klans, die endgültig aus dem Schatten des Königs getreten und in den Lichtkreis einer formellen Mitregentschaft eingetreten war. Als Anchetcheprure-Neferneferuaton hat sie den Gipfel der Macht erreicht. Wollte sie die letzte Etappe, den Weg zur Alleinherrschaft, den widrigen Umständen zum Trotz wagen, so musste sie diesen Schritt auch allein tun – ohne ihre Familie.

VIERTER AUFTRITT

Amarna nach dem Tod König Echnatons

Nach den letzten Aufschriften auf Weinkrügen zu schließen, die noch sein Siegel tragen, starb König Echnaton gegen Ende seines 17. Regierungsjahres; das dürfte in etwa auf ein Datum spät im September oder Anfang Oktober des Jahres 1336 v.u.Z. hinauslaufen. Von den näheren Begleitumständen seines Todes wissen wir nur wenig Konkretes. Sicher ist, dass Echnaton im Königsgrab von Amarna bestattet wurde, und zwar dort, wo seine Mutter Teje bereits lag – und gleichsam auf ihn wartete. Sein rekonstruierter Sarkophag aus rotem Granit, den man völlig zerstört in der Königskammer fand, enthält einige bemerkenswerte Details. Auf ihm finden sich beide Formen des dogmatischen Namens Atons nebeneinander, was dafür spricht, dass trotz der herabgesetzten Bedeutung des Totenkultes mit der Herstellung des steinernen Prunksarges schon früh begonnen wurde. In den erhalten gebliebenen Texten spricht Aton den verstorbenen König als seinen Sohn an; einer der in Amarna selten bezeugten Fälle einer direkten Rede des Gottes, die auf einer der frühen Grenzstelen das erste Mal auftaucht. Am bedeutsamsten ist die Rolle, die Nofretete im Kult um den toten König zugedacht wurde. An allen vier Ecken des Sarkophags befindet sich eine identische Figur der Königin, die mit weit ausgebreiteten Armen den toten König beschützt (Abb. 33). Sie (und zwar sie allein) nimmt also die Position ein, die dort üblicherweise (nach den Regeln der verworfenen Tradition) von den Göttinnen Isis, Nephthys, Selket und Neith wahrgenommen wird. Eine erstaunliche Parallele tut sich hier auf, tritt doch Nofretete das Erbe einer Schutzgöttin nicht für einen beliebigen Pharao an, sondern

für ihren verstorbenen Gemahl. Es ist, als würde sie in der Doppelrolle von Göttin und Witwe genau jenen Part übernehmen,
der im Mythos Isis als Gattin des lebenden und Beschützerin des
toten Osiris spielt.

*Abb. 33: Nofretete als Schutzgöttin (Bruchstück des Sarkophags des
Echnaton)*

Im Zuge der großen Umbettungsaktion königlicher Mumien
anlässlich der Aufgabe Amarnas gelangten die sterblichen Über-
reste Echnatons in das Thebaner Grab KV 55. Für die Über-
führung und zweite Bestattung verwendete man auffälligerwei-

se einen älteren, für den König noch in den Thebaner Jahren angefertigten Sarg, der wohl aus dem Grabinventardepot von Amarna stammte. Dieser osirianische Rischisarg widersprach mittlerweile den Postulaten der großen Aton-Reform aus dem Jahre 9, kam aber vielleicht gerade deswegen den Absichten der Verantwortlichen entgegen. Die führenden Männer am Hofe, allen voran Eje (der in diesen Tagen die Regierungsgeschäfte für den noch minderjährigen Tutanchaton führte), waren sich gewiss darüber im Klaren, dass Echnaton zu einem veritablen Hassobjekt geworden war, das es vor Verfolgung zu schützen galt. Es ist daher eine plausible Annahme, dass die Anklänge an den Osiris-Kult erwünscht waren und in Verbindung mit der Anonymisierung der Mumie Echnatons dem Ziel dienten, eine schnelle Identifizierung zu verhindern und so die letzte Bleibe in ein halbwegs sicheres Versteck zu verwandeln.

Der besondere Sarg war indes nicht das einzige Zeichen einer überwunden geglaubten Zeit. Zur Grabausstattung Echnatons in KV 55 zählen auch einige sogenannte magische Ziegel, auf denen der Amarnakönig zweimal als Osiris bezeichnet wird. Wiederum wäre es irrig, von diesem Fund auf eine späte Bekehrung des Ketzerkönigs zu schließen. Es geht nicht um die Rückkehr in den Schoß der alten Religion, sondern um die ironische Wiederkehr unvergänglichen kulturellen Sinns. Beim finalen Leichenbegängnis des Königs kamen – als Teil eines Versteckspiels – Gegenstände aus der Vor-Amarnazeit zum Einsatz, welche dem Geist der altehrwürdigen Semantik um Tod und Auferstehung des Osiris verpflichtet waren und diesen nun gegen die Laufrichtung des neuen Kults zur Geltung brachten. Im Königsgrab von Amarna war es umgekehrt Nofretete, die in die Rolle der göttlichen Witwe schlüpfte, eine unvermutete Wiedergängerin der Isis, die ihren verstorbenen Gatten damit implizit ebenfalls zum Osiris machte. Wo, wenn nicht in den beiden Gräbern des fanatischen Anführers des Aton-Kults, musste sich das eklatante Unvermögen der neuen Religion, das Jenseits anzunehmen und dessen Todeslandschaft heilbringend zu deuten, offenbaren?[27] Eine eigene

Antwort auf die Totenklage, die liebende Trauer, die Hoffnung
auf Wiedergeburt blieb Echnaton sich selbst und seinen Anhän-
gern schuldig. Der osirianische Faden, der sich (wie versteckt
und verschwiegen auch immer) offensichtlich quer durch die
Amarnazeit hindurchzieht, wird sich nachfolgend noch ein drittes Mal zeigen.

Echnatons letztes Grab wurde im Jahre 1907 entdeckt und
seine Mumie damals erstmals untersucht. Elliot Smith, der
hinzugezogene Anatom vor Ort, schätzte das Alter des Toten
auf »ungefähr 26 Jahre«. Selbst bei einem Spiel von zwei, drei
Jahren nach oben dürfte der König bei seinem Tod keine 30
Jahre alt gewesen sein. Anzeichen für dramatische körperliche
Anomalien fanden sich nicht. Die zweifelhaften Expertisen darüber, ob Echnaton etwa unter dem »Fröhlich'schen Syndrom«
oder eher unter dem »Marfan-Syndrom« gelitten habe, hängen
seitdem in der Luft. Der zweite Körper des Königs, wie er uns
auf zahlreichen Abbildungen präsentiert wird – also jene Darstellung eines dickbäuchigen Mannes mit geschwollenen Gliedmaßen und femininen Zügen, die den befremdlichen Eindruck
nervöser Dekadenz hervorgerufen hat – ist (wie alle Kunst)
verkörpertes Denken; er muss also symbolisch, das heißt aus
dem Geist der Atonreligion gedeutet werden (wobei neben dem
sonnentheologisch entfalteten Inhaltsaspekt ein besonderes Gewicht auf den Beziehungsaspekt der Heiligen Aton-Familie zu
legen ist – wie weiter oben geschehen).[28]

Zur Klärung der Todesursache hat die Untersuchung der
Mumie wenig beitragen können. Die Suche nach einem spektakulären Ende des Echnaton könnte sich indes mit Blick auf die
ungewöhnlich hohe Sterblichkeitsrate der Zeit ganz unspekta-
kulär erledigen. In Achetaton wurde generell jung gestorben,
nur wenige Bewohner sind älter als Anfang dreißig geworden.
Das gilt auch für Mitglieder der königlichen Familie. Der früh-
zeitige Tod von vier Töchtern Echnatons und Nofretetes sowie
der noch jugendlichen (Nachfolge-)Könige Semenchkare und
Tutanchamun wären hier zu nennen. Echnatons früher Tod ist

also im Lichte dieses allgemeineren Schicksals nicht weiter auffällig. Die plausibelste Erklärung des Phänomens eines frühen Sterbens liefert ein medizinhistorischer Befund. Das Ende der Amarnazeit war von einer verheerenden Pestepidemie überschattet, die in der Levante ausbrach und nach und nach die ganze vorderasiatische Welt heimsuchte. Aus den Amarnabriefen wissen wir, dass auch andere Fürstenhöfe – so in Hatti (dem hethitischen Reich), Ugarit, Zypern und Babylon – Angehörige unter den Pestopfern zu beklagen hatten. König Echnaton könnte also sehr wohl an den Folgen der Pest gestorben sein. Der Schrecken der Pest herrschte jedoch nicht allein. Aus hethitischen Quellen[29] erfahren wir, dass es ägyptische Gefangene waren, welche die Pest nach Hatti einschleppten. König Šuppiluliuma, der Gegenspieler von Pharao Echnaton, hatte Truppen unter Führung zweier Generäle gegen das in Syrien gelegene, aber ägyptisch beherrschte Amqa entsandt. Nach dem Untergang des Mitanni-Reiches standen sich damit die Großmächte Ägypten und Hatti zum ersten Mal unmittelbar feindlich gegenüber. Es herrschte Krieg und in Amarna dürfte der Unheilsruf *Hatti ante portas* den Schrecken der Pest übertönt haben. Das Gespenst einer Invasion aus dem Norden musste unwillkürlich die Erinnerung an die Fremdherrschaft der Hyksos wachrufen. Doch gerade der um den Nabel des Sonnenkults kreisende Gottesstaat von Amarna war auf das bedrohliche Szenario an der Nordgrenze des Reiches nicht vorbereitet. Fixiert auf die Enklave von Achetaton hatte Echnaton jahrelang die Verwaltung der Vasallen-Fürstentümer im syrisch-palästinensischen Raum vernachlässigt und damit den hethitischen Vormarsch nach Süden in Richtung Ägypten begünstigt. Nun, als eine starke Hand vonnöten war, starb er – zum denkbar ungünstigsten Zeitpunkt. Doch seine »Hohe Königsgemahlin« und Mitregentin stand bereit, nicht als fanatische Gotteskriegerin, welche »die elenden Asiaten« unter die Herrschaft des Aton zwingen wollte, sondern als kluge Politikerin in der Tradition der großen weiblichen Herrschergestalten aus der Gründerzeit der 18. Dynastie.[30]

1. Szene: Auf dem Thron Ägyptens

Leider teilen die Feierlichkeiten rund um die Thronbesteigung
von Königin Nofretete das Schicksal der Begräbnisfeierlich-
keiten zu Ehren des verstorbenen Echnaton: sie sind schlecht
bis gar nicht dokumentiert. Die Krönung der Juja-Königin, der
Nachweis ihrer vollständigen pharaonischen Titulatur, aber
auch die Neuverteilung der Macht am königlichen Hof müssen
anhand der wenigen Belege von Wert mühsam erschlossen und
rekonstruiert werden. Zwar taucht Nofretete etliche Male in
der Kombination ihres Thron- und Geburtsnamens als *Anchetcheprure-Neferneferuaton* auf, aber vielfach ist nicht zu entscheiden, ob die so Bezeichnete als Mitregentin ihres Gatten, als
Regentin im Interregnum nach dessen Tod oder als souveräne
Pharaonin auftritt. Die Frage ist, welche Herrschaftsinsignien,
welche Teile des königlichen Ornats sie definitiv als weiblichen
Pharao ausweisen. Ist es schon das Tragen der Blauen Krone,
die zu tragen in der 18. Dynastie dem König vorbehalten war,
oder erst das Tragen der (aus der Roten Krone des Nordens und
der Weißen Krone des Südens zusammengesetzten) Doppelkrone, mit dem der Titel eines »Königs von Ober- und Unterägypten« verbunden war? Ist die Ausstattung mit den beiden königlichen Zeptern (Wedel und Krummstab) ein hinreichender
Ausweis der Königswürde oder gilt dies erst in Kombination
mit einer Doppelkartusche, in die Thron- und Geburtsnamen
eingeschlossen sind?

Einige instruktive Beispiele aus der Grauzone Regierungs-
ende – Tod – Nachfolge des Echnaton sollen die genannten
Schwierigkeiten, aber auch den Ausweg aus dem Dilemma, der
endlich auf sicheres Terrain führt, veranschaulichen. Da ist zunächst eine unfertig gebliebene Stele zu nennen, die im Zuge
der deutschen Ausgrabungskampagne von 1911/12 im Haus
P 49 von Amarna, also in unmittelbarer Nähe zum Fundort
der Berliner Büste, entdeckt wurde (Abb. 34). Die dargestellte

Szene ist auch ohne Königsringe und Beischriften unmittelbar verständlich. Wir sehen Echnaton und Nofretete vis-à-vis in einer entspannten Szene, die der Ausgräber Ludwig Borchardt in seinem Bericht treffend mit »Die Königin dem König Wein einschenkend« untertitelt hat. In seinem Kommentar wird daraus »eine schöne, rührende Familienszene«, die auffällig nur deshalb sei, weil Nofretete »mit einer anderen hohen Perücke dargestellt wird, und zwar merkwürdigerweise mit der, die sonst nur der König trägt«. Gemeint ist die haubenartige Blaue Krone, die auch als »Kriegshelm« bekannt ist und im Verbund mit der Stirnschlange als *das* Erkennungszeichen der Könige aus der 18. Dynastie gilt. Das Tragen der Pharaonenkrone durch Nofretete hat indes nichts Merkwürdiges an sich; es signalisiert vielmehr den herausragenden Status ihrer Trägerin als einer (mit)regierenden Königin in Augenhöhe mit dem König.

Abb. 34: Nofretete schenkt Echnaton Wein ein.

Nofretete trug in Amarna also schon als Mitregentin, das heißt vor ihrer Inthronisierung als weiblicher Pharao, die Blaue Krone. Ganz ähnlich scheint es sich mit dem königlichen Zeichen der Doppelkartusche verhalten zu haben. Zur Erinnerung: Dem König stehen zwei Kartuschen zu, der Königlichen Gemahlin in der Regel nur eine. Einem traditionellen Königspaar werden somit gemeinhin drei Kartuschen zugewiesen. Nun sind aus Achetaton schon früh einige kleinformatige Doppelkartuschen der Nofretete aufgetaucht, bei denen ihre älteren Kartuschennamen *Neferneferuaton-Nofretete* dupliziert worden sind. Hier handelt es sich aber offenbar noch um eine Zwischenstufe. Erst bei einer kleinen, oben gerundeten Kalksteinstele lässt sich zweifelsfrei die volle Parität in Sachen Königsringe feststellen (Abb. 35). Auf dem bescheidenen, wiederum unvollendeten Denkstein ist das Königspaar hintereinander stehend vor einem Opfertisch dargestellt. Der voranstehende Echnaton trägt eine Kurzhaarperücke, Nofretete ist durch ihre typische, oben abgeflachte Krone kenntlich. Beide tragen zu Ehren des Aton Sistren in der Hand. Über ihren Köpfen sind vier Kartuschen vorbereitet worden, aber (vorerst) leer geblieben. Ein Paar von je zwei Königsringen – ein weiteres untrügliches Zeichen des Aufstiegs der Königin zur Mitregentin an der Seite des Pharao.

Neben der Blauen Krone und der Doppelkartusche zählt offensichtlich auch das Führen des Zepters, eines der markantesten Herrschaftszeichen königlicher Macht, nicht zu den Regalien, die dem höfischen Protokoll von Amarna zufolge definitiv dem Pharao vorbehalten blieben und diesen in der Phase der Koregentschaft von seiner Mitregentin unterschieden. Dafür sprechen zwei fragmentarische Abdrücke von einem Siegel, die im Haus eines gewissen Ranefer gefunden wurden. Als »Erster Streitwagenlenker seiner Majestät« war Ranefer ein Mitglied der Oberschicht von Achetaton und bewohnte ein dementsprechend luxuriöses Anwesen, das komplett ausgegraben und restauriert worden ist. Die Funde auf dem Grundstück – darunter eine Bildhauerstudie[31], diverse Gefäße, Siegel, Werkzeuge,

Amulette und Reste von Kultgegenständen – belegen den hohen Rang und Lebensstandard des Besitzers; sie liefern zugleich
Hinweise auf die Nutzungsdauer des (immer wieder umge-
bauten und erweiterten) Wohnhauses, die sich bis in die Regierungszeit der Nachfolger Echnatons berechnen lässt. Diese
Datierung ist unter anderem durch Inschriften auf Türpfeilern
gesichert, welche die Namenskartusche »Anch(et)cheprure, geliebt von ...« enthalten, also den Thronnamen, den Nofretete
als regierende Königin getragen hat (aber auch ihr Nachfolger
Semenchkare).[32]

Abb. 35: Echnaton und Nofretete beim Aton-Opfer

Die hier interessierenden Siegelabdrücke[33] zeigen in einer für
Amarna typischen Pose das sich gegenüber sitzende Königs-
paar unter der Strahlensonne. Die rechte Figur, bei der es sich
mit hoher Wahrscheinlichkeit um Echnaton handelt, trägt die
Rote Krone über einem sogenannten Nemes-Kopftuch, dessen
auslaufende Streifenstücke auf der Brust des Königs zu sehen
sind. Die linke Figur, die nur Nofretete sein kann, trägt die
Blaue Krone. Beide, König und Königin, führen ein Zepter, den
Krummstab. Obwohl Nofretete mit zwei starken Insignien,
Blauer Krone und Zepter, gleichzeitig aufwartet und damit
Echnaton vollkommen ebenbürtig zu sein scheint, bleibt sie aus
protokollarischen Gründen eine (mit)regierende Königin – dem
Rang nach eine Art von »Semi-Pharao« (so der Vorschlag des
russischen Ägyptologen Perepelkin). Das gilt möglicherweise
auch für den Fall des Führens beider Zepter, von Krummstab
und Wedel, den der Torso einer kleinen Statuette belegen könnte. In der Rekonstruktion aus zwei Fragmenten wird der Eindruck hervorgerufen, als handele es sich um eine Totenfigur
der Nofretete, einen sogenannten *Uschebti*, der – verstanden
als Widmungsexemplar der überlebenden Königin an den verstorbenen König – uns an die Bruchstelle der Thronnachfolge
heranführen würde. Das ist aber keineswegs sicher. Der (beim
oberen Bruchstück) erhalten gebliebene Anfang der senkrechten Inschriftenzeile (»Die Erbfürstin, die Große des Palastes,
die in der Gunst des ...«) erinnert in Ton und Diktion an Texte
aus der Frühzeit der Thebaner Jahre. Geben wir dieser Datierung Raum, dann wäre die kleine Statuette umgekehrt ein Beleg
der frühen Machtfülle der Juja-Königin.

Definitiv an die Schwelle des Thronwechsels nach dem Tod
Echnatons führt uns erst eine von einem Privatmann gestifte-
te Stele, die ebenfalls nur fragmentarisch erhalten geblieben ist
(Abb. 36). Sie war lange als »Koregentschaftsstele« bekannt
und firmiert heute unter dem Kürzel UC 410 (nach dem *University College London*, wo die Mehrzahl der Bruchstücke aufbewahrt werden). Eingetaucht in die Aura des Strahlenaton ist

eine scheinbar alltägliche Szene der königlichen Familie dargestellt, in der als Akteure Echnaton und Nofretete sowie eine der Prinzessinnen zu sehen sind. Was diese Darstellung jedoch von anderen, ganz ähnlichen Bildfolgen unterscheidet, ist der Umstand, dass zwei Versionen rekonstruiert werden konnten, eine Urfassung und eine Überschreibung der Stele, die ganz offensichtlich notwendig wurde, als der Pharao starb und die erste Fassung damit obsolet geworden war. Echnaton selbst, das heißt seine Kartuschen und Beischriften, blieben unangetastet, obwohl er es war, der die größte Veränderung durchlief: die vom Lebenden zu einem verklärten Toten. Die allfällige Umarbeitung betraf allein die Königin und ihre Tochter. Wie ging sie vonstatten?

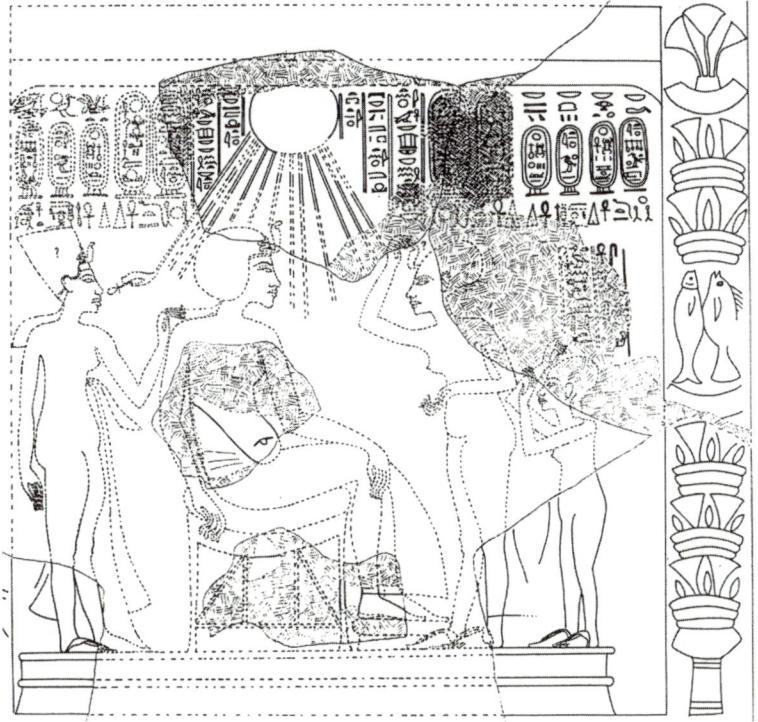

Abb. 36: Rekonstruktion der Stele University College 410

Im rechten oberen Stelenfeld standen ursprünglich neben den beiden großen Kartuschen für Aton (wie zu erwarten) drei Kartuschen für das Königspaar: von links nach rechts die Kartuschen mit dem Thronnamen (Nefercheprure-waenre) und dem Eigennamen (Echnaton) des Königs, gefolgt von der Kartusche der Königin (Neferneferuaton-Nofretete). In der zweiten Fassung wurde die Kartusche der Nofretete mit ihrem (neuen) Thronnamen überschrieben: *Anchetcheprure-geliebt vom Einzigen des Re*. Daneben (und erkennbar wie eingeklemmt) setzte man eine zweite Kartusche, die den wiederum mit einem Epitheton erweiterten Eigennamen der Königin enthielt: *Nerferneferuaton-die sich um ihren Gemahl kümmert*. Nicht schon, wie gezeigt, das pure Faktum einer Doppelkartusche kennzeichnet Nofretete zweifelsfrei als Pharao, wohl aber die neuen formelhaften Beinamen oder Epitheta. Das gilt vor allem für den zweiten Fall, der Ergänzung des Eigennamens. Die Formel »die sich um ihren Gatten kümmert« ist ein Zitat von Texten, die sich auf die Göttin Isis beziehen, wenn sie als Witwe des Osiris auftritt. Mithin ist Anchetcheprure-Nerferneferuaton als Witwe eines Königs auf den Thron gekommen, als Nachfolgerin des verstorbenen Echnaton. Mit der Stele UC 410 ist endlich der Beweis erbracht, dass es sich bei dem zweiten Amarnakönig, um dessen Identität so viel gerätselt wurde, um niemand andere(n) als Nofretete handelt. Die junge Juja-Königin war nach wechselvoller Geschichte auf dem Gipfel der Macht angekommen.

Es muss erstaunen, wie selbstverständlich und offensiv Nofretete sich mit dem Bezug auf Isis und damit den Osiris-Mythos vom Dogma der Atonreligion entfernt. Der osirianische Faden, der bei der Inspektion von Sarkophag und Sarg des Echnaton sichtbar wurde, war ersichtlich stärkerer Natur und vielleicht Teil einer neuen mythopoetischen Textur. Oder doch eher Teil einer alten, gemäßigten Religionsauffassung, die noch die frühe Phase der Thebaner Jahre auszeichnete? Unter Königin Teje stieg damals Aton zum »Ersten von Karnak« auf, aber diese religionspolitische Wende vollzog sich noch ohne jenen Fanatismus, der später in Achetaton vorherrschend war und dort in religiöse Verfolgung umschlug. Und es war wiederum Teje, die nach dem Tode ihres Gatten Amenophis III. einen Gedenkskarabäus herausgab, auf dem sie als Isis erscheint, »die sich um ihren Gemahl kümmert«. So mag es sich also sehr wohl so verhalten haben, dass Königin Nofretete mit dem Rückgriff auf die alte Semantik des Osiris-Mythos, die noch am Vorabend der Amarnazeit von ihrer Tante in Ehren gehalten wurde, auf das Erbe verweisen wollte, das sie gewillt war anzutreten: das einer moderaten Religionspolitik auf der einen Seite, das einer entschiedenen Machtpolitik zugunsten des Hauses Juja auf der anderen Seite.

Eine solche Position, das versteht sich nahezu von selbst, ließ sich nicht konfliktfrei und quasi geräuschlos durchsetzen. Nofretete stand zur Machtübernahme bereit, aber sie war erstens eine Frau und zweitens (anders als etwa Königin Hatschepsut) von nicht-königlicher Herkunft. Die royalistische Partei am Hofe wird alles unternommen haben, um die Inthronisation von Nofretete als Pharaonin zu verhindern. Aber sie war gespalten und das dürfte ihre Position erheblich geschwächt haben. Die Atonisten unter ihnen werden auf Tutanchaton, den Sohn Echnatons und natürlichen Kronprinzen, gesetzt haben. Die Traditionalisten dagegen auf den älteren und schon erwachsenen Semenchkare, einen Sohn Amenophis' III. Nur vor dieser machtpolitischen Kulisse ist der zweite Teil der Überarbeitung der Stele UC 410 zu verstehen, der die Figur einer der Prinzessinnen betraf.

In der ersten Fassung war die Identität der Tochter von Echnaton und Nofretete durch folgende Beischrift bestimmt worden: »Tochter aus den Lenden des Königs, die er liebt, Meritaton, möge sie leben auf immer.« In der zweiten Version wurde der Name der Meritaton getilgt und durch den Namen der Anchesenpaaton ersetzt. War Meritaton, die älteste Tochter, in Ungnade gefallen? Wenn ja, warum? Wir wissen, dass sie später

an der Seite des Semenchkare, der nach der Regierung Nofretetes als erster der beiden Königssöhne zum Zuge kommen sollte,
wieder aufgetaucht ist – als dessen Große Königliche Gemahlin.
Hatte sie, aus welchen Gründen auch immer, schon jetzt die Seiten gewechselt und sich damit gegen ihre Mutter und deren Pläne gestellt? So könnte es gewesen sein. Fest steht, der Austausch
der Namen signalisiert eine Neuordnung der weiblichen Macht
am königlichen Hof. Anstelle von Meritaton wird Anchesenpaaton, die als Drittälteste ihrerseits als Große Königliche Gemahlin Tutanchatons Karriere machen wird, zur ranghöchsten
lebenden Tochter erhoben.

Es verbleibt eine letzte Trumpfkarte im Spiel um den Nachweis der Königswürde der Nofretete, deren Wert erstaunlicherweise immer wieder falsch eingeschätzt wurde. Es handelt sich
um eine weitere Kalksteinstele, die einst von einem Offizier namens Pasa gestiftet und 1906 von der Ägyptischen Abteilung
der Staatlichen Museen zu Berlin im Handel erworben wurde
(Abb. 37). Sie zeigt vor einem reich gedeckten Tisch, der ein
Speisetisch oder ein Opfertisch für Aton sein kann, zwei nebeneinander sitzende königliche Personen, die einen zärtlichen
Umgang miteinander pflegen. Die linke Figur, welche die Blaue
Krone trägt, hat eine Hand auf die Schulter der anderen gelegt,
die – ausgestattet mit der Doppelkrone – ihrem Gegenüber umgekehrt liebevoll das Kinn krault. Wer sind diese beiden, im
typischen Amarnastil so ähnlich konturierten Handelnden? Bei
der Erwerbung der Stele katalogisierte das Museum ohne Vor-
behalt »Echnaton mit Gemahlin beim Mahle«. Borchardt kon-
kretisierte später »Der König die Königin liebkosend«. Ende
der 20er Jahre sorgte der britische Ägyptologe Newberry mit
einer neuen Deutung für einen Paukenschlag. Er hielt das Paar
für Echnaton und Semenchkare, des Königs Mitregent und
Liebling. Das Trugbild vom homosexuellen Pharao hielt sich
sage und schreibe nahezu ein halbes Jahrhundert. Erst Mitte
der 70er Jahre korrigierte John Harris dieses Bild. Er war auf
Ungereimtheiten bei den insgesamt sieben (leeren) Kartuschen

König Semenchkare

Kein anderer Amarnakönig hat eine vergleichbar schattenhafte, kaum greifbare Gestalt wie Pharao Semenchkare. Er muss königlicher Herkunft gewesen sein, aber seine genaue Abstammung ist unbekannt. Da Echnaton als Vater kaum in Frage kommt, dürfte er ein später Sohn von Amenophis III. sein, der mutmaßlich aus der (illegitimen) Verbindung mit dessen Tochter Satamun hervorgegangen ist. Damit wäre Semenchkare – gleichermaßen ein Halbbruder wie ein Vetter des Echnaton – unter den inzestuös durchlässigen Verwandtschaftsverhältnissen der Amarnazeit ein Kandidat für die Thronfolge gewesen.

Wahrscheinlich ist, dass Semenchkare nach dem Sturz der Nofretete, Echnatons direkter Nachfolgerin, als eine Art Kompromisskandidat zum Zuge kam und zunächst als Anchcheprure-Semenchkare den Thron bestieg. Überraschenderweise änderte der König später seinen Eigennamen; er nannte sich fortan Anchcheprure-Neferneferuaton und trug damit exakt jene Kombination von Thron- und Geburtsnamen, die wir von Nofretete kennen. Es dürfte sich um eine feindliche Namensübernahme gehandelt haben, das heißt um einen Akt der *damnatio memoriae*, der das Andenken an die verfemte Nofretete tilgen sollte. Semenchkare war mit Meritaton, der ältesten Amarnaprinzessin verheiratet. Da er (wie eine Inschrift belegt) in Theben einen Totentempel mit Amun-Verehrung besaß, darf geschlossen werden, dass er im Verlauf seiner ca. dreijährigen Regierungszeit den von Echnaton auf die Spitze getriebenen Ausschließlichkeitsanspruch der Atonreligion preisgab. Sein Grab und seine Mumie, die man lange Zeit mit der ominösen Grabanlage KV 55 in Verbindung gebracht hat, wurden bis heute nicht gefunden.

gestoßen. Seiner Meinung nach waren die beiden Kartuschen-
paare links und rechts von der Sonnenscheibe für die Namen
des Aton vorgesehen, die drei Namensringe über dem Tisch
dagegen für das königliche Paar. Bestünde dieses aus einem Se-
nior- und Juniorkönig männlichen Geschlechts, wären aber vier
Kartuschen erforderlich. Die drei Kartuschen sprächen somit
für einen König und seine königliche Gemahlin. Also alles zurück auf Start?

*Abb. 37: Pharao Nofretete nimmt Abschied von ihrem verstorbenen
Gemahl.*

Wenn es nur so einfach wäre. Die von Harris in Anspruch genommene Regel, wonach in der Ikonographie von Amarna die göttliche Sonnenscheibe stets von einem doppelten Kartuschenpaar flankiert wird, gilt zwar für alle offiziellen Kunstwerke in Tempel-, Palast- und Grabanlagen, nicht jedoch für private Denksteine und Stelen. Für diese häufig kleinformatigen Objekte[34] wäre die Einhaltung der höfischen Formensprache (wie etwa eine strenge symmetrische Anordnung) auch gar nicht praktikabel gewesen. Die zweite der zuvor erwähnten Stelen kommt offenbar ganz ohne Kartuschen für Aton aus. Im vorliegenden Fall dürfte allein das obere Kartuschenpaar rechts von der Sonne für die Aufnahme der Atonnamen bestimmt gewesen sein. Das linke obere Kartuschenpaar ist dann aber gerade nicht als dessen gleichsam verrutschtes Pendant zu bewerten, sondern augenscheinlich dem links sitzenden König mit der Blauen Krone zugedacht. Die beiden Namensringe stehen wohl nicht zufällig genau über dem Kopf dieser Figur zentriert. Wenn es sich so verhielte, dann müssten wir die restlichen drei Kartuschen der königlichen Person in der Mitte zuweisen. Sie ist zweifellos die Zentralgestalt in der dargestellten Szene. Über ihrem Kopf steht der Strahlenaton. Sie ist die Aktive, die sich ihrem Gegenüber zuwendet und diesen in zärtlicher Weise unter dem Kinn berührt. Und sie ist es, die vor der Brust ein umgehängtes Pektoral trägt, ein für Amarna einmaliges, nie zuvor gezeigtes Stück, das wie die Kartuschen leer geblieben ist, aber gewiss von hoher Bedeutung gewesen sein muss. Doch was hat es mit den drei Kartuschen für nur eine königliche Person auf sich?

Drei Kartuschen sind in seltenen Fällen für die regierende Königin bezeugt; so etwa für die Pharaonin Hatschepsut. Auch im Grab des Tutanchamun sind auf Bruchstücken eines Kästchens die drei Kartuschen einer Königin entdeckt worden. Ihr Name lautet, notabene: Anchetcheprure-Neferneferuaton. Ihr Thronname füllt die erste Kartusche, ihr Eigenname die zweite. Das Epitheton »die sich um ihren Gemahl kümmert«, das wir als Beischrift zur zweiten Kartusche bereits kennengelernt haben, ist

hier ausdrücklich aus dieser entfernt und in eine eigene Kartusche
versetzt worden. Stellt es nach diesem Fund noch eine Kühnheit
dar, zu schlussfolgern, bei der Herrschergestalt mit der machtvol-
len Doppelkrone handele es sich mit hoher Wahrscheinlichkeit
um Nofretete, den zweiten weiblichen Pharao nach Königin Hatschepsut? Als inthronisierte Nachfolgerin des Echnaton nimmt
sie auf dieser Stele – so die jetzt naheliegende Deutung – liebevoll
Abschied von ihrem Gatten, der in der dargestellten Szene als
verklärter Toter zu begreifen ist (nicht anders als dies schon auf
der Stele UC 410 der Fall war).

Abb. 38: Das Pektoral der Göttin Nut

Der posthume Auftritt Echnatons auf den Denkmälern von
Königin Anchetcheprure-Neferneferuaton ist ein weiteres Mal
ausgerechnet durch ein Pektoral aus dem Grab des Tutanchamun
bezeugt (Abb. 38). Es handelt sich bei diesem Schmuckstück um
ein Pektoral der alten Himmelsgöttin Nut, das ursprünglich zur
Grabausstattung des Echnaton gehörte und dessen Namen trug,
die dann später mit den Namen Tutanchamuns überschrieben

wurden. Die Göttin ist mit weit geöffneten Armen resp. Flügeln
dargestellt, die sie – wie es im Begleittext heißt – »über den Verstorbenen und seine Schönheit ausbreitet«. Diese für den traditionellen Totenkult typische Geste einer Schutzgöttin entspricht
exakt der Stellung, die Nofretete an den Ecken von Echnatons
Sarkophag selber eingenommen hat. Nicht zuletzt diese Übereinstimmung spricht dafür, dass sie es war, die das Pektoral für
ihren verstorbenen Gatten gestiftet hat. Ob das von Howard
Carter aufgefundene Stück[35] mit dem auf der Stele des Pasa ge-
zeigten Pektoral identisch sein könnte? Das ist eine reizvolle,
nicht von der Hand zu weisende Annahme; sie würde bedeuten,
dass Nofretete (auf der Stelendarstellung) das dem Echnaton als
Grabbeigabe zugedachte Pektoral als Stifterin noch selber trägt.

2. Szene: Königin Courage

Hinter der mythologisch, durch die Gestalten der Isis und Nut
vorgetragenen »liebenden Trauer« mag sehr wohl die realwelt-
liche Witwenklage der Nofretete stecken, aber viel Zeit, sie zu
zeigen und zu leben, blieb der Königin nicht. Die neue Pharaonin kam an die Macht, als sich das von der Pest gebeutelte
Land zusätzlich mit einer dramatischen außenpolitischen Krise
konfrontiert sah. Ägypten befand sich im Krieg mit Hatti. Der
Vorstoß der hethitischen Einheiten nach Amqa, der unmittelbar
die ägyptischen Sicherheitsinteressen berührte, verlangte nach
einer sofortigen Entscheidung. Mobilisierung der eigenen Truppen und damit Forcierung des Krieges oder kluge Diplomatie
mittels einer Friedensofferte: Das dürfte – wie so häufig in der
Geschichte – auch im Amarna des Jahres 1336 v.u.Z. die Frage gewesen sein. Es ist schwer einzuschätzen, ob sich die führenden Militärs mit General Haremhab an der Spitze zu einer
Entscheidungsschlacht überhaupt in der Lage sahen oder aber
(um Zeit zu gewinnen) für taktische Gefechte und Scharmützel
an mehreren Frontlinien plädierten; noch schwerer, ob sie mit

ihren Plänen bei Hofe überhaupt durchdrangen und bei Pharao
Nofretete Gehör fanden. Immerhin lässt ein Kartuschenfund
aus Tell el-Borg, einem im Nordsinai gelegenen Fort der Streitwagentruppe, auf eine gewisse Präsenz der neuen Oberbefehls-
haberin an der Nordgrenze des Reiches schließen. Doch die
Art und Weise, wie die Königin schließlich jegliche militärische
Option in den Wind schlug, um eine atemberaubende diplomatische Initiative zu starten, spricht dafür, dass sie von Anbeginn
anderes im Schilde führte.

Nur wenige Wochen nach ihrer Amtseinführung lässt Nofretete ein persönliches Schreiben – nach den Geflogenheiten der
Zeit eine keilschriftlich beschriebene Tontafel (Abb. 39) – durch
einen Boten an den hethitischen König Šuppululiuma überbrin-
gen. Darin schlägt sie nicht weniger als eine diplomatische Heirat zwischen den beiden Königshöfen vor, und zwar an höchs-
ter Stelle: Šuppululiuma möge einen seiner Söhne als Prinzgemahl
an den ägyptischen Hof von Amarna schicken, wo er als Gatte
und König die Nachfolge für den verstorbenen Echnaton antre-
ten soll. Was für ein Ansinnen! Statt den Fehdehandschuh aufzugreifen, kommt Nofretete ihrem Kontrahenten auf eine ent-
waffnende Art mit einem Plan, der auf Bündnis und Frieden
zielt. Ein hethitischer Gemahl für die ägyptische Königin. Auf
beiden Seiten dürfte dieses alle Traditionen sprengende Begehren grenzenloses Erstaunen ausgelöst haben. Šuppululiuma wird
seinen rasch einberufenen Beratern gegenüber bekennen: »Eine
solche Geschichte ist mir in meinem ganzen Leben noch nicht
vorgekommen!« Den ägyptischen Militärbefehlshabern muss
der Schwenk in der Außenpolitik als eine Art von Verrat erschienen sein, der das Gespenst einer asiatischen Fremdherrschaft heraufbeschwor. Doch Näheres wissen wir nicht. Über
die gesamte Affäre verlieren die ägyptischen Quellen kein einziges Wort – was wiederum als vielsagend notiert zu werden verdient. Alles, was wir über diese spektakuläre Episode wissen,
stammt aus den Annalen des hethitischen Hofes, die sich im
Fundus des Tontafelarchivs von Boghazköy (dem modernen

DAS REICH DER HETHITER (HATTI)

Der in Zentralanatolien gelegene Hethiterstaat um die Hauptstadt Hattuscha hat sich im späten 17. Jahrhundert v.u.Z. herausgebildet, war aber lange Zeit vor allem durch das Taurusgebirge von der fortgeschrittenen kulturellen und wirtschaftlichen Entwicklung in der Levante abgeschnitten. Nur mühsam gelang es den hethitischen Herrschern, ihre Grenze nach Süden auszudehnen und im nördlichen Syrien Fuß zu fassen. Dieses Land zählte zur Einflusssphäre eines aus hurritisch dominierten Fürstentümern bestehenden Reiches. Mitanni, wie dieser eigentlich obermesopotamische Staat genannt wurde, fungierte lange Zeit als eine Art von Puffer zwischen Ägypten und Hatti. Erst König Šuppiluliuma I. konnte im Zuge langjähriger Kriegszüge nach und nach alle nordsyrischen Fürsten unterwerfen und schließlich auch die bedeutende Stadt Karkamisch – die letzte mitannische Bastion – erobern. Mit dem Anschluss dieser Territorien bis etwa in die Gegend des heutigen Homs war Mitanni als Bewerber um die Herrschaft in Syrien endgültig ausgeschieden. An die Stelle des nördlichen Nachbarn von Ägypten trat Hatti – nicht immer in friedlicher Absicht. Ein Angriff auf das Land Amqa verletzte erstmals das ägyptische Hoheitsgebiet und damit die Sicherheitsinteressen des ägyptischen Reiches. Die kriegerischen Auseinandersetzungen zwischen den beiden stärksten Mächten des Vorderen Orients überschatteten die gesamte Amarna- und Nach-Amarnazeit. Sie fanden erst gegen Mitte des 13. Jahrhunderts v.u.Z. mit dem Friedensvertrag und der daran anschließenden dynastischen Verbindung zwischen Ramses II. und Hattuschili III. ihr Ende.

Grabungsort auf dem Gebiet der antiken Hauptstadt Hattuscha) erhalten haben. Und es war König Muršili II., der in seinem Bericht über die »Mannestaten« seines Vaters Šuppiluliuma die Ereignisse festgehalten hat:

> Während mein Vater unten im Lande Karkemisch war, sandte er Lupakki und Tarhundaz-alma in das Land Amqa. Sie zogen los und griffen Amqa an und brachten Gefangene, Rinder und Schafe zurück vor meinen Vater. Als aber die Ägypter vom Angriff auf Amqa erfuhren, bekamen sie Angst. Und da zudem ihr König Nipchururija[36] gestorben war, schickte die Königin von Ägypten, *Dachamunzu* (»die Gemahlin des Königs«), einen Boten zu meinem Vater und schrieb ihm wie folgt: »Mein Gemahl ist gestorben, und ich habe keinen Sohn. Man sagt aber, dass deine Söhne zahlreich sind. Wenn du mir einen deiner Söhne gibst, so wird er mein Gemahl sein. Niemals werde ich einen meiner Diener zum Gatten nehmen.«

Abb. 39: Tontafel-Brief aus dem Archiv von Amarna

Nofretete gibt Šuppululiuma zu verstehen, dass sie Ägypten
regiert, weil sie (von ihrem verstorbenen Mann) keinen Sohn
hat, der andernfalls als natürlicher Erbe die Thronfolge ange-
treten hätte. Mit dem Hinweis, keinen Diener zum Gatten nehmen zu wollen, lässt sie zugleich diplomatisch verklausuliert
durchblicken, dass sie zu Hause unter Druck steht, eine Persönlichkeit nicht-königlicher Herkunft zu ehelichen und damit
zum König zu machen. Möglicherweise erfahren wir an dieser
Stelle indirekt etwas über den ersten Zugriff des Generals Haremhab auf die Macht. Was Königin Nofretete ihrem Schwiegervater in spe indes verschweigt, ist der Umstand, dass dem
königlichen Hof sehr wohl zwei thronberechtigte Königssöhne
angehören – die Prinzen Tutanchaton und Semenchkare. Unser
Wissen ist der Verdacht des Šuppululiuma:

Vielleicht haben sie (doch) einen Sohn ihres Königs. Vielleicht wollen sie mich täuschen und wünschen sich nicht
meinen Sohn, um ihn zum König zu machen.

Das Misstrauen Šuppuliumas ist so groß – gab es Gerüchte
über die Existenz der beiden potentiellen Kronprinzen? –, dass
er seinen Kanzler Hattusaziti nach Ägypten schickt, um die
Wahrheit herauszufinden. Übers Jahr kehrt der Kanzler an den
hethitischen Hof zurück (Abb. 40). Er kommt in Begleitung
des ägyptischen Gesandten Hani, der ein zweites Schreiben der
Nofretete überbringt.

Warum sprichst du in dieser Weise: Sie wollen mich täuschen?
Wenn ich einen Sohn hätte, würde ich dann an eine ausländische Macht schreiben? Es ist eine Schande für mich und mein
Land. Du hast mir nicht getraut und hast auf solche Weise zu
mir gesprochen. Der mein Gemahl war, ist gestorben, und ich
habe keinen Sohn. Niemals werde ich einen meiner Diener
zum Gatten nehmen. Ich habe an kein anderes fremdes Land
außer dir geschrieben. Man sagt, deine Söhne seien zahlreich.

Gib mir einen deiner Söhne. Für mich wird er mein Gemahl sein und für Ägypten wird er König sein.

Abb. 40:
Das Königstor
von Hattuscha
(Detail des
göttlichen Kriegers)

Ein zweiter starker Auftritt von Königin Nofretete. Ihr selbstbewusstes, ganz und gar nicht unterwürfiges Auftreten, die Art, wie sie von Šuppiluliuma einen Sohn geradezu fordert, verrät (uns), dass es ihr keineswegs um den Ausverkauf ägyptischer Interessen ging. Nahezu ausgeschlossen, dass sie nach vollzogener Heirat die Zügel der Macht wieder aus der Hand gegeben hätte. Sie weiß offenbar, was sie will, und verwahrt sich energisch gegen den Verdacht, ihr Gegenüber getäuscht zu haben. »Ich habe keinen Sohn«, bekräftigt sie. Aber natürlich weiß Nofretete, dass sich hier alles um den (potentiellen) Sohn des

Königs dreht – der in der Person Tutanchatons real existiert.
Das macht ihre Aussage objektiv unwahr. Dennoch gelingt es
ihr, die Bedenken Šuppiluliumas auszuräumen. Der Gesandte
Hattusaziti hat sich vor Ort davon überzeugen lassen, dass sich
»die Frau des Königs von Ägypten in einer Notlage« befindet;
es ist kein ägyptischer Kronprinz in Sicht. Wie das?

Hat man dem hethitischen Gesandten die Existenz von
Tutanchaton verheimlicht und damit Šuppiluliuma doch an der
Nase herumgeführt? Möglich und doch eher unwahrscheinlich.
Dagegen spricht zum einen der relativ lange Aufenthalt Hat-
tusazitis in Ägypten, zum anderen der klare Ton der Königin
in ihrem zweiten Brief. Könnte es deshalb sein, dass man dem
Hattusaziti bei seinem Besuch in Ägypten die Existenz von
Tutanchaton keineswegs verheimlicht, sondern ihn (offenbar
mit Erfolg) darüber aufgeklärt hat, warum dieser Königssohn
als Nachfolger auf dem Thron nicht in Frage kam? Hat man
mit dem Abgesandten des hethitischen Großkönigs ein inoffizi-
elles *naming and shaming* veranstaltet – so etwas wie ein scho-
nungsloses Aussprechen und Bloßstellen? Dann wäre mit der
offengelegten Notlage um die Thronfolge auf diskrete Weise ein
Familiengeheimnis berührt worden, das offiziell nicht ruchbar
werden sollte. Der ominöse Satz »Es ist eine Schande für mich
und mein Land« könnte hier ein Fingerzeig sein.

Was genau mag Königin Nofretete in diesem Zusammenhang
mit *Schande* gemeint haben? Diplomatische Heiraten waren in
jenen Tagen gang und gäbe, aber stets ging es um einen Frau-
entausch. Die Umkehrung der etablierten Praxis, das Gesuch
einer Königin um einen ausländischen Prinzgemahl, war gewiss
außergewöhnlich, weil das eingespielte Geschlechterverhältnis
auf den Kopf stellend – aber nicht per se schandbar. Zwar hatte
Nofretete, wenn man so will, in der von ihr erwarteten Rolle
als Mutter eines Königssohns versagt, doch hieß der Preis –
wie gesehen – Machteinbuße durch den Aufstieg einer Konkurrentin, nicht Beschämung. Als einziger Ausweg bietet sich die
Lesart an, mit Schande (die in der Briefstelle ja ausdrücklich

auch auf das Land Ägypten bezogen wird) sei der befremdliche
Umstand gemeint, dass der König wohl einen Sohn hinterlas-
sen habe, aber keinen legitimen Erben, einen Bastard also ohne
Erbanspruch.

An dieser Stelle schließt sich der Kreis, denn ein Inzestkind
wie Tutanchaton wurde in Ägypten ja keineswegs automatisch
als illegitim betrachtet. Die Zuschreibung der Illegitimität muss
daher wesentlich mit Nofretete selber zu tun gehabt haben, das
heißt mit ihrer besonderen Stellung innerhalb der königlichen
Familie, ihren Ambitionen und Konflikten. Als zentrales Motiv hinter der sogenannten Dachamunzu-Affäre wird der lange
Zorn der Königin sichtbar. Nofretete nutzt ganz offensichtlich
die Gunst der Stunde, um den Sohn ihrer verhassten Rivalin
Satamun-Kija endgültig von der Thronfolge auszuschließen.
Geschickt versteht sie es, das offene Geheimnis um verpönte
Heiraten ihres verstorbenen Gatten in politisches Kapital um-
zumünzen. Selbst Opfer einer undurchsichtigen Sexualpolitik des königlichen Hofes, sorgt ihr Rachebedürfnis zunächst
für eine *tabula rasa*. Ihr Bannstrahl zerschlägt die (un)heilige
Aton-Familie, deren Trümmern sie allein unbeschädigt ent-
steigt. In einem dritten Schreiben an Šuppiluliuma bekennt
Nofretete: »Siehe, ich bin in der Lage von jemandem, der keine
Familie mehr hat.« In dieser Pose erscheint ihr Begehren nach
einem Sohn des Hethiterkönigs zugleich als Ausbruch aus dem
verhängnisvollen Netzwerk der Inzestfamilie. Es ist, als würde
die Königin sich mit ihrer anvisierten diplomatischen Heirat
demonstrativ auf den Boden der Exogamieregel stellen (und
objektiv einer Auffrischung des Genpools das Wort reden).
Hatti aber bietet sich als Partner dieser Politik in ganz beson-
derer Weise an. Die hethitische Kultur postuliert nicht nur eine
besonders starke Stellung der regierenden Königin, der Tawan-
nana, die ihr Amt bis zu ihrem Lebensende ausüben durfte; sie
stellt darüber hinaus die »barbarische Sitte« der Verwandten-
ehe – wie wir aus der Korrespondenz des Šuppiluliuma mit dem
Fürsten von Hajasa wissen – ausdrücklich unter Strafe:

Ferner hat meine Schwester, die ich, die Sonne, dir zur Gattin gegeben habe, viele Schwestern verschiedenen Verwandt-
schaftsgrades. Es sind nun auch deine Schwestern geworden,
weil du ihre Schwester zur Gattin hast. Für das Land Hatti
aber gibt es eine wichtige Vorschrift: Der Bruder darf nicht
mit der eigenen Schwester oder der Kusine geschlechtlich
verkehren. Das ist nicht Sitte. Wer so etwas doch tut, der
bleibt in Hattuša nicht am Leben, er wird getötet.

Die eindeutige Verpönung des Inzests ist bemerkenswert; sie
mag die Entscheidung Nofretetes, gerade einen Hethiter als
Prinzgemahl zu erbitten, mit beeinflusst haben. Sie könnte zugleich dafür verantwortlich sein, dass der hethitische Gesandte
Hattusaziti bereit war, Kronprinz Tutanchaton als nicht-exis-
tent, nämlich als Abkömmling einer illegitimen und (nach dem
Gesetz von Hatti) todeswürdigen Verbindung zu betrachten.
Nofretetes Politik zielte aber nicht nur nach innen, ist nicht allein aus der Innenperspektive eines dramatischen Familienkonflikts zu verstehen. Ihr provokantes Heiratsprojekt war zugleich
das Herzstück einer klugen Bündnispolitik. Was sie plante, war
nicht weniger als ein außenpolitischer Coup von großer Kühnheit, dessen visionäre Züge sich erst knapp 100 Jahre später zeigen sollten. Als Ramses II. nach erbittert geführten Feldzügen
gegen die Hethiter eine Wende zum Frieden vollzieht und den
endgültigen Friedensschluss durch die Heirat mit einer hethitischen Prinzessin[37] im Jahre 1245 v.u.Z. besiegelt, erfüllt sich
eine Politik, die niemand anders als Pharao Nofretete initiierte.
    Nofretete hielt in diesem Spiel um die Macht noch eine dritte
Karte in der Hand, die das Zeug zu einem *jolly joker* hatte. Ein
hethitischer Prinz auf dem Thron Ägyptens hätte unweigerlich
das Ende des glorreichen Geschlechts der Thutmosiden herauf-
beschworen und damit eine neue Dynastie ins Leben gerufen.
Formell König an der Seite der regierenden Pharaonin wäre
der Sohn Šuppiluliumas aller Voraussicht nach über den Status eines Prinzgemahls nicht hinausgekommen – ganz ähnlich

wie das im zeitgenössischen Fall von Prinz Philip bekannt ist, dem Gemahl der britischen Königin Elisabeth II., der Repräsentantin des Hauses Windsor. Seine Rolle am (jetzt mit Hatti befreundeten) Königshof von Amarna wäre so unentbehrlich wie bescheiden gewesen und im Wesentlichen auf die Zeugung männlichen Nachwuchses hinausgelaufen. Der erhoffte Sohn aus der Verbindung mit Nofretete hätte nach der ägyptischen Linie seiner Mutter aber als ein Juja gegolten. Die Königin hat also die außenpolitische Krise zugleich genutzt, die dynastischen Ansprüche des Hauses Juja nicht nur zu wahren, sondern energischer denn je voranzubringen.

Nofretete spielte mit höchstem Einsatz und Risiko. Sie konnte alles gewinnen – und alles verlieren. Die einzelnen Momente des Heiratsprojekts: die Absage an eine militärische Option; die Weigerung, einen starken Mann der Armee als Gemahl zu akzeptieren; der Ausschluss der letzten thutmosidischen Prinzen Tutanchaton und Semenchkare von der Thronfolge; die Vision einer neuen Dynastie des »bürgerlichen« Hauses Juja – sie alle waren geeignet, Nofretete erbitterte Feinde zu verschaffen. Die Königin stand in jenen Tagen erkennbar mit dem Rücken zur Wand. Die Unterstützung durch ihre Familie hatte sie mutwillig aufs Spiel gesetzt, den Rückhalt durch die Militärs weitgehend verloren. Schwer einzuschätzen, auf welche Kreise unter den Machteliten sie sich überhaupt noch verlassen konnte. Umso erstaunlicher, dass es ihr trotzdem gelang, in einer von Pest und Krieg verdüsterten Atmosphäre das Räderwerk des Aussendens und Empfangens diplomatischer Gesandtschaften in Gang zu setzen. Dies war keine Sache von Tagen oder Wochen. Zwischen dem ersten, von Amarna ausgehenden Botenverkehr und der Rückkehr des hethitischen Gesandten nach Hattuscha dürften mehrere Monate vergangen sein – nach grobem Überschlag die Wintermonate der Jahreswende 1336/35.

Im Frühjahr des ersten Jahres nach Echnatons Tod traf in Amarna die Botschaft ein, dass König Šuppiluliuma nach Konsultationen mit dem heimgekehrten Hattusaziti und dem mitge-

reisten ägyptischen Boten Hani dem Heiratsplan Nofretetes zuge-
stimmt hat. Seine anfänglichen Bedenken – er fürchtete vor allem,
sein Sohn könne »auf die eine oder andere Weise als Geisel enden« – konnten offensichtlich ausgeräumt werden. In den Worten
der (Jahre später von Šuppiluliumas Sohn Muršili geschriebenen)
Annalen liest sich diese Entscheidung folgendermaßen:

> So war mein Vater, da er in guter Stimmung war, bereit, die
> Anfrage der Frau [des verstorbenen Königs] zu erwägen,
> und beschäftigte sich mit der Frage des Sohnes.

Unter den zahlreichen Söhnen des Königs fiel die Wahl auf den
Prinzen Zannanza, von dem wir wenig mehr als seinen Namen kennen. Hani dürfte ihn am Hof von Hattuša kennengelernt, sich ein Bild von ihm gemacht und einen Bericht für seine Herrin verfasst haben. Mit der Benennung des zukünftigen
Prinzgemahls war die Werbungskampagne im engeren Sinne
abgeschlossen. Nofretete hatte die erste Etappe ihrer riskanten
Unternehmung erfolgreich hinter sich gebracht. Was folgte, waren die eigentlichen Heiratsverhandlungen, die gewiss in Frie-
densverhandlungen eingebettet waren. Hier ging es zunächst
um den »Brautpreis« für den Prinzen, was auf das Aushandeln
und Abgleichen von Geschenklisten hinauslief. Ferner musste
eine Reiseroute festgelegt werden, auf der Prinz Zanannza mit
seinem Gefolge sicher nach Ägypten gebracht werden konnte.
Das betraf Fragen nach der Größe der königlichen Entourage,
aber auch nach der personellen und sachlichen Ausstattung des
Begleitschutzes für unterwegs. Wie viel hethitische Elitesoldaten
hielt Šuppiluliuma für nötig, wie viel bewaffnete Hethiter konnte Nofretete umgekehrt ihren Militärs zumuten? Der bestehende
Kriegszustand musste zunächst durch eine Phase des *good will*
beendet, das heißt »umgekehrt« werden. Überliefert ist eine Absichtserklärung, die eindeutig in diese Richtung zielt. In einem
ihrer letzten Briefe in der Sache gibt Königin Nofretete ihrem
Gegenüber zu verstehen, dass nach erfolgter Heirat »die beiden

großen Länder nur noch ein einziges Land sein werden«. Ein nahezu geflügeltes Wort, das hundert Jahre später beim Friedensschluss zwischen Ramses II. und Hattuschili III. wortwörtlich
wieder auftauchen wird.

Ob Šuppiluliuma und Nofretete (Abb. 41) das anvisierte
Bündnis zwischen Hatti und Ägypten mit einem Staatsvertrag
(wie wir ihn aus ramessidischer Zeit kennen) zu bestätigen ge-
dachten, ist nicht belegt, aber gut möglich, ja wahrscheinlich.
Aus alter Zeit existierte bereits ein Freundschaftsvertrag zwischen beiden Ländern, den Amenophis II. (der Urgroßvater des
Echnaton) mit den Hethitern geschlossen hatte. Interessanterweise wirft König Muršili in den »Pestgebeten« seinem (damals
schon verstorbenen) Vater vor, gegen diesen Vertrag verstoßen
zu haben – und zwar mit eben jenem Angriff auf das ägyptische
Amqa, der die beiden Mächte auf Konfrontationskurs brachte.
Für Muršili ist dieses Schuldeingeständnis das probate Mittel,
die Götter (die als Eidgötter über die Einhaltung des Vertrages
wachten) wieder zu versöhnen, denn in seinen Augen bedrückten
sie wegen des Vertragsbruchs sein Land mit der Pest. Nofretete
und Šuppiluliuma dürften aus anderen Gründen ein Interesse daran gehabt haben, anlässlich der diplomatischen Heirat den
durch die militärische Entwicklung außer Kraft gesetzten
Freundschaftsvertrag auch formell zu erneuern. Doch unter der
Anrufung welcher Götter hätten sie ein solches Vertragswerk
eidlich besiegeln lassen können?

Die Frage zielt auf die Verträglichkeit der religiösen Ordnun-
gen der beiden Länder. Vor Amarna und nach Amarna teilten
das ägyptische Sonnengott- und das vorderasiatische Wetter-
gott-System eine große Schnittmenge. Nach Art der antiken
Polytheismen galten die Götter der jeweils fremden Religion
nicht als falsch, sondern vielfach als die eigenen Götter unter
anderen Namen. Genau dies änderte sich unter dem religiösen
Eiferer Echnaton. Die von ihm radikalisierte Aton-Religion trat
mit dem exklusiven Anspruch auf die Alleinverehrung eines
Gottes auf. Ein Ausschließlichkeitsanspruch dieser Art hätte

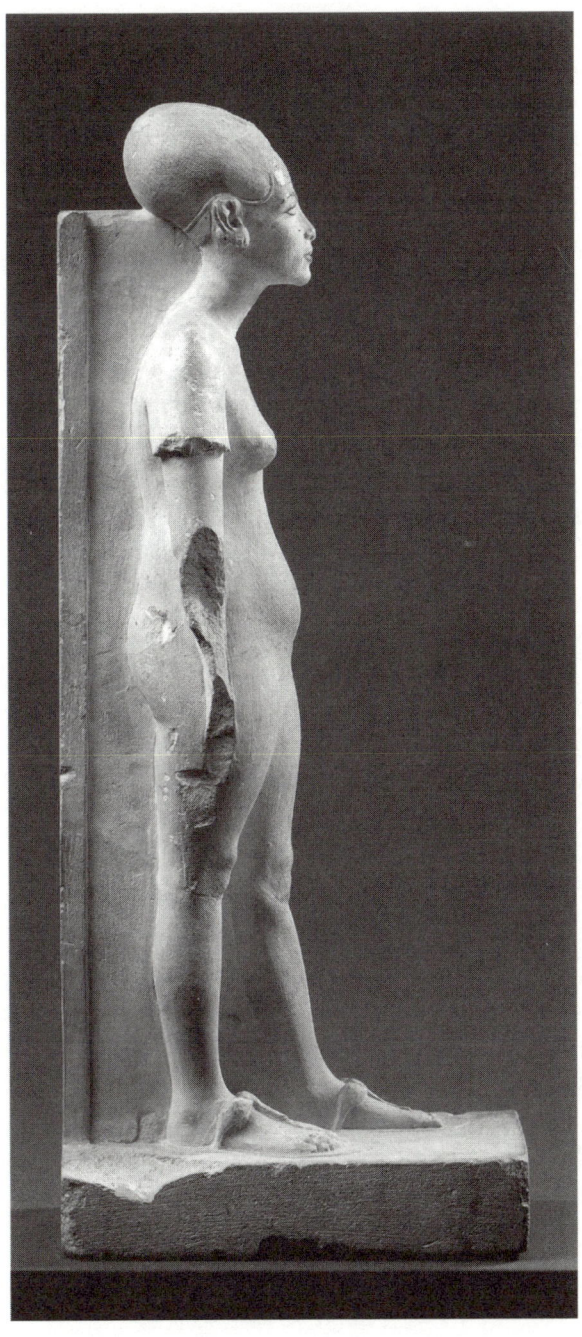

*Abb. 41: Stand-
figur der Nofretete
aus der Spätzeit,
also in etwa aus
der Zeit der Kor-
respondenz mit
dem hethitischen
Hof*

bei den Verhandlungen zwischen dem hethitischen und ägyptischen Hof unweigerlich zu religionspolitischen Spannungen führen müssen. Davon ist aber nichts zu spüren. Es bestätigt sich die Vermutung, die schon der wiederkehrende »osirianische Faden«, aber auch das Pektoral der Nut nahe legte: dass Königin Nofretete mit ihrer Thronbesteigung eine Reform des Atonkults einleitete – im Sinne einer offiziellen Wiederzulassung der alten Götter. Diese Wende bedeutete einerseits eine Rückkehr zur moderaten Position von Eje und Teje, die Echnaton verlassen hatte; sie war aber andererseits auch Reaktion auf die Notlage, in der sich Nofretete aktuell befand. Die außenpolitische Initiative einer diplomatischen Heirat setzte innenpolitisch die Auflösung des intoleranten Gottesstaates des Aton zwingend voraus. Zwar hat sich auch der hethitische Prinzgemahl als »Sohn der Sonne« (nämlich des Großkönigs, der diesen Titel trug) begriffen; aber er war keine Figur, die sich umstandslos in die dogmatische Struktur der heiligen Aton-Familie hätte einfügen lassen.

Die Ausleuchtung der mehrschichtigen Hintergründe lässt erahnen, dass Nofretete ganz offensichtlich bestrebt war, die Enklave von Achetaton ideologisch zu lüften. Mit der Preisgabe der reinen Lehre der neuen Vaterreligion und der Befreiung vom Gespinst inzestuöser Verwandtschaftsbeziehungen wäre die Hauptstadt in eine weltoffene Metropole verwandelt worden. Es ist gut möglich, dass die Königin sogar erwog, Amarna, eine Stadt voller schlimmer Erinnerungen, wieder zu verlassen – zugunsten von Theben, der alten mondänen Hauptstadt, die in Karnak in Gestalt des Obeliskentempels sowie der Nofretete-Pfeiler den Glanz der frühen Jahre bewahrte. Doch es sollte anders kommen.

Nach Abschluss der langwierigen Verhandlungen, vielleicht im Spätsommer dieses schicksalhaften Jahres, machte sich Prinz Zannanza mit seinem Gefolge auf den Weg nach Ägypten. Doch Amarna und die ihn erwartende Nofretete hat er nie gesehen. Er fiel einem Komplott zum Opfer und wurde unterwegs ermordet. Die Hardliner um General Haremhab, so scheint es, hatten die Pläne ihrer Königin in letzter Minute durchkreuzt – und verloren über ihren Coup kein Wort. Alles, was wir über das ruhmlose Ende der Dachamunzu-Affäre wissen, erfahren wir wiederum ausschließlich (und auch nur bruchstückhaft) aus hethitischen Quellen. In den Pestgebeten des Muršili heißt es an zwei Stellen:

> Als sie diese Schrifttafel brachten, sprachen sie folgendermaßen: Die Leute von Ägypten haben Zannanza getötet und dies berichtet: Zannanza ist tot. Als mein Vater die Nachricht von der Ermordung des Zannanza hörte, begann er zu klagen und an die Götter gewandt sprach er: »O Götter! Ich habe nichts Böses getan, dennoch haben die Leute von Ägypten dies gegen mich getan.«

> Diese Schrifttafel erzählt, wie mein Vater ihnen seinen Sohn gab, wie sie ihn dorthin mitnahmen und ihn ermordeten. Da ließ mein Vater seiner Wut freien Lauf, begab sich nach Ägypten und griff Ägypten an.

Der auf ägyptischem Boden erfolgte Überfall auf Zannanza wird dem hethitischen Hof durch Boten (aus dem Gefolge des Prinzen?) überbracht. König Šuppiluliuma nimmt die Ermordung seines Sohnes zum Anlass für einen Rachefeldzug; er gewinnt (wie andere Quellen ergänzen) eine erste Schlacht und macht Gefangene. Nach einem knapp einjährigen Intermezzo befinden sich Ägypten und Hatti wieder im Kriegszustand. Der großartige Plan der Königin ist jäh zur Makulatur geworden, der Traum von Frieden und Ruhm vom Winde verweht.

Wie hat der Hof von Amarna, wie hat Königin Nofretete auf die eingehenden Nachrichten reagiert? Wir wissen es nicht. Wir können nicht einmal sicher sein, ob sie zu diesem Zeitpunkt die Macht noch in Händen hielt, ja ob sie überhaupt noch am Leben war. Es ist denkbar, dass sie zeitgleich mit dem Überfall auf Zannanza von ihren eigenen Militärs entmachtet – und handstreichartig Prinz Semenchkare zum neuen Pharao bestellt wurde. Der fragmentarische Text eines letzten Briefes des Šuppiluliuma in Sachen Heiratsaffäre stützt diese Lesart:

> Als man mich hier bat, einen Sohn als Gemahl zu geben, war ich dazu bereit. Wenn du aber inzwischen den Thron bestiegen hattest, hättest du meinen Sohn nach Hause zurückschicken müssen. (...) Was habt ihr mit meinem Sohn gemacht?

Das Schreiben ist erkennbar – wenngleich ohne Namensnennung – an den nächsten männlichen Pharao gerichtet, dem Šuppiluliuma vorwirft, seinen Sohn nicht beschützt und nach Hatti zurückgeschickt zu haben. Als Nachfolger Nofretetes kommt jedoch nur König Semenchkare in Frage. Aus der Reihenfolge der (mit königlichen Siegeln versehenen) Weinetiketten lässt sich schließen, dass auf das Jahr 17 von Echnaton (sein Sterbejahr) eine zuerst einjährige und dann eine dreijährige Regierung folgte. Für Semenchkare ist an anderer Stelle das Jahr 3 bezeugt. Er ist es also, der in jenen krisenhaften Tagen mutmaßlich als Kompromisskandidat – das heißt an Stelle des eigentlichen Kronprinzen Tutanchaton, aber auch eines möglichen Soldatenkönigs Haremhab – zum Zuge kam. Wie Nofretete auch immer gestürzt wurde, fest steht, dass sie nach der Vereitelung ihres umstrittenen Heiratsplans am ägyptischen Königshof eine *persona non grata* war. Das Spiel war aus. Wie der hethitische Prinz, dem freilich nur eine stumme Nebenrolle zugedacht war, ist sie spurlos von der großen Bühne der Weltgeschichte verschwunden. Das gilt auch für ihre Mumie; sie wurde bis auf den heutigen Tag nicht gefunden.

SCHLUSS

Ein Ende mit Schrecken

Das Ende der Nofretete kam rasch, so rasch wie mitten im Leben nur die Gewalt kommt. Wir dürfen daher annehmen, dass – wie es Nicholas Reeves mit typisch britischem Understatement ausgedrückt hat – »bei ihrem Tod natürliche Ursachen eine untergeordnete Rolle spielten«. Ob sie von ihren innenpolitischen Gegnern umgebracht wurde oder ob sie sich (eine heimliche Vorläuferin der Kleopatra) selber das Leben nahm, entzieht sich unserer Kenntnis. Aber wie auch immer sie zu Tode kam, ein ihrem Rang angemessenes Begräbnis wird man der gestürzten Königin kaum verweigert haben. Wo genau sie begraben wurde, ist unbekannt. Wir wissen dagegen, wo sie nach dem Willen ihres Gatten Echnaton begraben werden sollte: im Königsgrab von Amarna. Die besten Plätze nahe beim König waren indes bereits belegt. In der Königskammer, direkt neben ihrem Sohn, war Königin Teje bestattet worden. In der unmittelbar vor der königlichen Grabkammer abzweigenden Suite lagen im Raum Alpha die große Geliebte Kija, im Raum Gamma Prinzessin Maketaton begraben. Für Nofretete kam nur noch der nahe dem Eingang gelegene »königliche Annex« in Frage, ein weit in den Fels getriebener Seitenkorridor mit mehreren Kammern. Allerdings wurden dort keinerlei Spuren ihrer Grabausstattung gefunden. Zumindest ein Teil davon ließ sich überraschenderweise an einer ganz anderen Stelle nachweisen: im Thebaner Grab des Tutanchamun.

Als sich Howard Carter im November 1922 Zugang zum noch unversehrten Grab des Tutanchamun verschaffte, galt sein Interesse neben der Sarkophagkammer vor allem der Schatzkammer.

Dieser vom schakalköpfigen Totengott Anubis bewachte Raum
enthielt unter anderem den vergoldeten Kanopenschrein, in dem
– getrennt von der eigentlichen Mumie – die Eingeweide des verstorbenen Königs aufbewahrt wurden. Im Inneren des Schreins
befand sich ein aus Kalzit gefertigter Kanopenkasten mit vier
senkrechten zylindrischen Hohlräumen, in denen man die mit
Leinen umwickelten und dann von Miniatursärgen ummäntel-
ten Eingeweidepakete eingelassen hatte. Verschlossen waren die
Schächte jeweils mit einem menschenköpfigen Deckel, den königlichen Kanopenbüsten (Abb. 42).

Abb. 42:
Kanopen-
büste aus dem
Grabschatz
Tutanchamuns

Alles deutete zunächst daraufhin, dass dieses aufwendig
gestaltete Kanopenensemble zur originären Grabausstattung
des Tutanchamun gehörte – und damit auch die Bildzüge der
Kanopenbüsten die Identität und Individualität des jung verstor-

benen Königs verbürgen. Doch eine minuziöse Untersuchung der Sarginschriften ergab ein anderes Bild. Die Kartuschen enthielten ursprünglich die Namen der Königin Anchetcheprure-Neferneferuaton; erst nachträglich wurden die Namen Tutanchamuns eingefügt bzw. überschrieben. Die vier Eingeweidesärge waren folglich für Nofretete hergestellt worden. Es handelt sich bei ihnen ganz offensichtlich um (die nicht benutzten) Teile ihrer frühen Grabausstattung, die dann sekundär bei der Bestattung des Tutanchamun Verwendung fanden. Was lag näher, als daraus den Schluss zu ziehen, dass auch die königlichen Kanopenbüsten ihr Porträt (und nicht das des Kindkönigs) zeigten.

Der königliche Kopf trägt mit dem sogenannten *Nemes*-Kopftuch ein Zeichen pharaonischer Würde. An seiner Stirn befinden sich die typischen Wappentiere der Königinnen, Geier und Kobra. Das Gesicht erhält durch die kräftige Kieferpartie und das abgeflachte Kinn eine leicht gedrungene, in die Breite gehende Form, ein Eindruck, der durch die weit auseinander stehenden Augen verstärkt wird. Die übergroßen Pupillen – schwarz aufgemalt wie der Lidstrich und die Brauen – sowie die schmalen rotbemalten Lippen mit den nach unten gezogenen Mundwinkeln verleihen dem Gesichtsausdruck etwas Schwermütiges, einen Hauch von Tristesse und Abschied, der bei Antritt einer ungewissen Jenseitsfahrt angemessen erscheint. Auffällig sind die Ohrläppchen, die nicht (wie bei den Abbildungen und Statuen Tutanchamuns durchgängig üblich) durchbohrt sind; an der Stelle des Lochs findet sich nur eine schwache schwarze Umrandung. Handelt es sich hier um eine Markierung aus der Zeit der Bestattung Tutanchamuns, als man eine nachträgliche Durchbohrung plante, die dann aber unterblieb?

Aufgrund dieser charakteristischen Merkmale gehen Kenner der ägyptischen Porträtkunst heute davon aus, dass das Gesicht der Kanopendeckel tatsächlich nicht König Tutanchamun darstellt, sondern höchstwahrscheinlich die auf den Miniatursärgen genannte Königin Anchetcheprure-Neferneferuaton. Wenn es sich so verhielte, dann hätten wir eine Büste der anderen Art vor uns, die Nofretete nicht als strahlend-schöne Herrscherin präsentieren würde, sondern – angepasst an die rituellen Erfordernisse des Totenkults – als eine traurige Gestalt, deren Botschaft angesichts des Abschieds von dieser Welt lauten könnte: *Hier bewahre ich, was von mir geblieben ist.*

Tatsächlich ist von Nofretete wenig mehr geblieben als das, was einige versprengte und umbenannte Bruchstücke dieser Art zu erzählen haben. Das meiste fiel einem gezielten Vergessen anheim. Das Stichwort von der *damnatio memoriae*, der Tilgung des Andenkens, wird im Kontext der Amarnazeit für gewöhnlich auf Echnaton bezogen. Aber dieser kollektive Bannstrahl traf dessen Gemahlin und Nachfolgerin auf dem Thron nicht minder. Früh begann man damit, die Erinnerung an Nofretete systematisch zu unterbinden – wenngleich aus anderen Gründen. Die Angriffe galten nicht der religiösen Fanatikerin (die Nofretete nie war), sondern der Verräterin, die sich anschickte, Ägypten den Hethitern auszuliefern. Wahrscheinlich ohne sich darüber im Klaren zu sein, hatte die Juja-Königin mit ihrer Heiratspolitik an das Hyksostrauma gerührt, die schmerzhafte Erinnerung an eine mehr als hundert Jahre dauernde Fremdherrschaft asiatischer Eindringlinge. So hat sie auf ihre Weise dazu beigetragen, dass das kulturelle Gedächtnis Ägyptens die Amarnaerinnerung in den Schatten der älteren Hyksoserinnerung stellte, wo sie unkenntlich wurde – und erst durch die Künste ägyptologischer Forschung wiederbelebt werden konnte.

Den ersten Angriff auf die verstorbene Königin startete bereits deren unmittelbarer Nachfolger Semenchkare, gemeinsam mit seiner Großen Königlichen Gemahlin Meritaton, der ältesten Königstochter, die bei ihrer Mutter Jahre zuvor in Ungnade gefallen war. Bei seiner Krönung in Amarna erhielt der neue Pharao den Thronnamen Anchcheprure, just jenen Namen, den schon Nofretete – ergänzt um den Feminin-Marker (t) – getragen hatte. Aus dem Jahre 3 seiner Regierung stammt der sichere Beleg[38] für eine weitere aufsehenerregende Namensänderung. Der König nahm einen neuen Eigennamen an und nannte sich

fortan Anchcheprure-Neferneferuaton. Er trug damit exakt
jene Kombination aus Thron- und Geburtsnamen, die zuvor
unverwechselbar für die Gestalt der Nofretete stand. Um das
Spiel mit den wechselnden Identitäten zu vollenden, hängte er
seiner neuen Titulatur auch noch die für die Gemahlin Echnatons so typischen Beinamen an – die Epitheta »Geliebter des
Einzigen des Re«, »geliebt von Echnaton«. Die Maskerade war
perfekt. Semenchkare war in die Gewänder der Nofretete ge-
schlüpft und von ihr ununterscheidbar geworden.[39] Doch was
steckte dahinter, was bezweckte der König mit diesem Verwirr-
spiel? Es kann nur eine plausible Erklärung geben: Wir haben
es mit dem Akt einer feindlichen Übernahme zu tun, dem Versuch nämlich, das Gedächtnis der Nofretete durch Usurpation
ihres Geburts- und Thronnamens zu tilgen.

Wenn der erste männliche Nachfolger des Echnaton Anchcheprure-Neferneferuaton hieß, ganz so wie der Herrscher
des Jahres 1 nach dessen Tod, dann war diesem jene frühe Regierungszeit zuzuschlagen. Es gab unter dem gleichlautenden
Namen nur eine Regierung. Das heißt, einen Pharao Nofretete
hatte es nie gegeben. Auf König Echnaton folgte – so wollte es
jetzt die neue *political correctness* der Zeit – unmittelbar König
Anchcheprure-Neferneferuaton, geliebt von Echnaton, Geliebter des Einzigen des Re. Unterstützt wird diese Lesart durch
eine konzertierte Aktion an anderer Stelle. An jüngeren Teilen
des Palastes von Amarna kam es zeitgleich zur teilweisen Erset-
zung des Namens der Nofretete durch den der Meritaton, der
neuen königlichen Gemahlin am Hofe. Diese Kampagne kann
als ein weiteres begleitendes Moment der *damnatio memoriae*
verstanden werden. Das neue Königspaar (Abb. 43) führte den
ersten Schlag einer erbarmungslosen Erinnerungspolitik, die
darauf abzielte, Nofretete posthum für ihren dynastischen Um-
sturzversuch noch einmal und nun für immer zu bestrafen. Man
bediente sich der schlimmsten aller Rachegeister: der Furie des
Verschwindens, die den Namen der Königin löschte und nach
Art eines Palimpsests neu überschrieb. Der nur ins Maskuline

gewendete, ansonsten namensgleiche Schriftzug des Semenchkare hat das Ränkespiel um das Vergessen mit einem besonders
perfiden Täuschungsmanöver auf die Spitze getrieben.

Abb. 43: Pharao Semenchkare und Königin Meritaton

Rückblickend darf man an dieser Stelle die Vermutung aussprechen, dass Nofretete höchstwahrscheinlich anonym begraben wurde, denn es war das Königspaar Semenchkare und
Meritaton, das für die (für alle Beteiligten sicherlich zwiespältige)
Bestattung der abtrünnigen Königin verantwortlich war. Dann
hätte Nofretete gleich nach ihrem Tod das Schicksal ereilt, das
Echnaton erst fünf Jahre später anlässlich der Umbettung von
Amarna in das berühmt-berüchtigte Grab KV 55 widerfuhr. Eine
zweite Schlussfolgerung liegt jetzt nahe. Wenn Nofretete anonym
bestattet wurde, dann gewiss nicht im Königsgrab von Amarna
(Grab Nr. 26). Und natürlich gab es vor Ort Alternativen. Die
in einem Wadi in den östlichen Bergen von Achetaton gelegene

Nekropole des Echnaton war nicht die einzige für Mitglieder der königlichen Familie vorgesehene Grabanlage; es gab noch mindestens vier weitere. Etwa das Grab Nr. 27, ein herrschaftlicher Grabtyp von typisch königlicher Bauart mit Treppen und einer Rampe für den Sarkophag.

Sollte Königin Nofretete tatsächlich in einem der Gräber des königlichen Wadis von Amarna bestattet worden sein, dann stellt sich die Frage, ob sie an der großen Umbettungsaktion, welche die Mumien von Echnaton, Teje und Satamun-Kija anlässlich des Verlassens von Amarna in das altehrwürdige Königstal von Theben brachte, beteiligt war. Sie ist kaum zu beantworten, obwohl es schwer fällt sich vorzustellen, dass Eje, Nofretetes Vater, der damals als Privatsekretär von König Tutanchaton/-amun faktisch das Sagen hatte, seine Tochter in der ansonsten aufgegebenen Nekropole einfach zurückgelassen und einem ungewissen Schicksal ausgeliefert haben sollte. Theben avancierte aber noch in ganz anderer Hinsicht zum Schauplatz der nächsten und letzten Etappe der Verfemung der in Ungnade gefallenen Pharaonin.

Achetaton, die von Echnaton erbaute neue Residenz, wurde unter Tutanchaton aufgegeben. Interessanterweise zog der königliche Hof von dort nach Memphis (nahe dem heutigen Kairo) und nicht zurück in die alte Hauptstadt Theben. Auch König Eje residierte noch in Memphis. Erst als General Haremhab etwa im Frühsommer des Jahres 1319 die Macht an sich reißt und damit das Kapitel Amarna endgültig abschließt, wendet sich das Blatt in Richtung einer echten Restauration. Noch im Spätsommer desselben Jahres lässt der Soldatenkönig seine Herrschaft am thebanischen Opet-Fest durch den alten Reichsgott Amun bestätigen und umfangreiche Baumaßnahmen am Amun-Tempel von Karnak ankündigen. Eine der ersten Arbeiten gilt der Errichtung eines gewaltigen Pylons, der die einst von Amenophis III. erstellte Säulenkolonnade abschließen sollte. Diese Kolonnade war unvollendet geblieben, aber in den ersten Regierungsjahren Amenophis' IV. durch einen riesigen Pfeilerhof umbaut worden – jenen weiter oben vorgestellten »Nofretete-Pfeilern«, deren Reliefdekor in endlosen Wiederholungen ausschließlich die junge Königin in Verehrung des Strahlenaton zeigte. Um den Pylon bauen zu können, mussten also zuvor die Pfeiler fallen. Aber es ging nicht nur um den Abriss einer der Prachtbauten der verhassten Königin. Haremhab entschloss sich, die handlichen Talatat-Blöcke, aus denen die Pfeiler bestanden, als Füllmaterial für den geplanten Pylon wieder zu verwenden. Und genau diese (zunächst rein pragmatisch anmutende) Aktion wurde in schier unglaublicher Weise als eine Zeremonie der Schmähung der auf den Reliefblöcken dargestellten Herrscherin in Szene gesetzt.

Haremhab gab seinen Bauleuten die Order, die abgebauten Pfeilerblöcke nicht wahllos in die Fundamentgrube des neuen Pylons zu werfen, sondern sie dort der ursprünglichen Anordnung der Reliefs gemäß zu platzieren – aber das Unterste zuoberst gekehrt.[40] So wurden die Steine einer nach dem anderen herbeigebracht und in dieser Reihenfolge erneut zusammengesetzt. Die zahlreichen Abbildungen der Nofretete entstanden ein zweites Mal, aber nur, um kopfüber im Dreck zu verschwinden, wo sie dann später durch das Gewicht des massiven Pylons zusätzlich erdrückt wurden. Diese gestaffelte symbolische Strafaktion hatte ein bösartiges Vorspiel, das seinesgleichen sucht. Bevor die Blöcke seitenverkehrt neu zusammengefügt wurden, entstellte man Gesicht und Gestalt der Königin, durchschnitt ihre opfernden Hände und mit ihnen die Strahlenarme des Gottes Aton, so dass der Eindruck von durchtrennten Fingern resp. abgehackten Gliedmaßen entstand (Abb. 44). Ein einmaliger Vorgang von Zerstörung und Verstümmelung, wie er in dieser Form bei der Ächtung Echnatons nicht vorkommt.

Haremhabs Absatzbewegung vom Atonkult der Amarnazeit ist schnell erklärt, denn sein Motiv liegt auf der Hand. Er verdankte seine militärische Karriere niemand anderem als Echnaton und zählte in Achetaton zur Elite des Regimes. Wahrscheinlich war er identisch mit einem gewissen Pa-aton-emhab (»Der Aton ist im Fest«), dem Besitzer des Grabes Nr. 24. Die Titel des Grabbesitzers (General des Herrn der beiden Länder, Aufseher der Arbeiten in Achetaton, Königlicher Schreiber und Majordomus) beziehen sich auf die gleichen Funktionsbereiche, die Har-emhab (»Horus ist im Fest«) bei seiner zweiten Karriere unter Tutanchamun innehatte. Wir wissen, dass einige der loyalsten Beamten dem Beispiel Echnatons folgten und sich mit Aton gebildete Namen zulegten. Haremhab dürfte zu ihnen zählen; er hätte dann später – jetzt dem Namenswechsel des Tutanchamun folgend – seinen alten Namen wieder angenommen. Unzweifelhaft war Haremhab mit Amarna kontaminiert. Die Aktion in der Tempelanlage von Karnak war für ihn also eine gute Gelegenheit, aus dem Schatten der Vergangenheit zu treten und sich religionspolitisch reinzuwaschen.

Abb. 44: Die Rache des Haremhab. Entstelltes Gesicht und durchschnittene Hände der Königin (oben), abgetrennte Finger des Gottes (unten)

Der Bruch mit der Atonreligion erklärt aber noch nicht die besondere Wut, die der Person der Nofretete galt. Es scheint sich ein weiteres Mal zu bestätigen, dass der Stein des Anstoßes nicht (jedenfalls nicht in erster Linie) auf dem Gebiet der Religionspolitik, sondern auf dem der Machtpolitik lag. In religiösen Dingen dürfen wir Haremhab (nach allen vorliegenden Zeugnissen) eher für einen opportunistischen Wendehals halten. Aber in Fragen von Sicherheitspolitik und Staatsräson war er ganz offensichtlich der knallharte Militär, dessen Geschichtsbild durch die ruhmreiche Gründungsgewalt der 18. Dynastie geprägt war: den Befreiungskampf gegen die Hyksos, den asiatischen Feind aus dem Norden. Vor diesem Hintergrund war der Schwenk in der Außenpolitik, Nofretetes Einladung an die Hethiter, auch für Haremhab ein todeswürdiges Staatsverbrechen. Genau aus diesem Grund hieß das bevorzugte Hassobjekt der unmittelbaren Nach-Amarnazeit nicht Echnaton, sondern Nofretete.

Das Schreckensbild der verdammten Königin ist ein Schock, stellt doch ihr geschändetes Antlitz den größtmöglichen Gegensatz zum glanzvollen Bildnis der Monarchin dar, wie es die Berliner Büste verkörpert. Aber wie immer wir es drehen und wenden wollen: Die wie ein Phönix dem Staub aus dem Atelier des Bildhauers Thutmosis entstiegene Ikone zählt zum schönen Schein, der wenig mit der harten Realität der Amarnazeit zu tun haben dürfte. Eine Epoche von Aufbruch und Umsturz, von Mord, Intrige und dem sich fortzeugenden Frevel des Inzests. So stellt auch die Gewalttat des Haremhab keinen Einbruch in eine heile Welt dar, sondern vielmehr die Wiederkehr des Bekannten. Hatte nicht Nofretete Jahre zuvor in ganz ähnlicher Manier ihre Rivalin Satamun-Kija verfolgt und (wenn nicht ermorden, so) posthum schänden lassen? Hatte sie nicht mit eiserner Hand versucht, Tutanchaton, den einzigen Sohn Echnatons, als Bastard zu verleumden und aus dem (zur Thronfolge führenden) Weg zu räumen? So gesehen stellen die durchschnittenen Hände des Gottes Aton und seiner Königin, wie sie auf vielen zum Bau des zweiten Pylon verwendeten Talatat zu sehen sind, ein sprechendes und zeittypisches Zeichen dar. Mit dem Durchtrennen der Sehnen hatte die schützende Hand des »lebenden Aton« ihre Kraft endgültig eingebüßt; die von ihr zehrende pharaonische Macht war perdu, der dynastische Traum des Hauses Juja ausgeträumt.

Es bleibt ein erstaunliches Phänomen, dass der »Fünfte Auftritt« der Nofretete, der mit dem Auffinden der bunten Büste im Jahre 1912 begann, um sich dann im Verlauf von einhundert Jahren zu einem regelrechten Spektakel auszuwachsen, zu ihren historischen Auftritten, die hier rekapituliert wurden, auf Dauer quer zu stehen scheint. Es ist, als würde sich die Berliner Schöne der historischen Einordnung verweigern und beharrlich ein Eigenleben führen; das Eigenleben eines künstlerischen Meisterwerks, das – wäre es damals von den Schergen des Haremhab entdeckt worden – mitleidlos der Zerstörung anheim gefallen wäre. Erst als eine aus dem Kontinuum ihrer Zeit herausgesprengte und mit Jetztzeit aufgeladene Gestalt ist ihr die ganz eigene Ausstrahlung zugewachsen. Diese Ausnahmeerscheinung macht noch einmal deutlich, warum es ihren Zeitgenossen so leicht fiel, ihr Gedächtnis auf Vergessen einzustimmen. Königin Nofretete hatte große Pläne, hat aber als Pharao in ihrer nur knapp einjährigen Regierungszeit nichts wirklich Großes hinterlassen. Kein Terrassentempel (um das Beispiel der Hatschepsut aufzugreifen) zeugt von ihrem Glanz und überliefert der Nachwelt »nie zuvor geschehene Taten« wie die ruhmreiche Expedition nach Punt.

Der magische Augenblick in der Gedächtnisgeschichte der Nofretete besteht dagegen ganz ohne Zweifel im Fund ihrer Büste. Wohl hieß der Ort Amarna am Nil, aber das Ereignis selbst war gerade nicht Teil der gelebten Geschichte; abgerissen von der Echtzeit fand es über 3000 Jahre nach den historischen Ereignissen statt, unter dem sinnstiftenden Blickwinkel einer fremden Kultur. So ist es also genau umgekehrt. Nicht die

Abb. 45: Schatten wirft Licht auf die rätselhafte Schöne.

historische Vergegenwärtigung hat dazu geführt, der Büste ihren wahren Standort in den Kulissen des Einst zuzuweisen.
Wohl aber vermag die sichtbar gewordene historische Gestalt
als die wahre Kehrseite der scheinbar ahistorischen Ikone diese
in ein neues Licht zu tauchen. Mit dem Wissen um ihre politischen Ambitionen und Hoffnungen, ihre Triumphe und Nie-
derlagen, ihre Stärke und ihre Verletztheit sehen wir Nofretete
jetzt mit anderen Augen: als wiedergeborene Schöne am Ende
eines langen Weges, der mit den Auftritten der jugendlichen
Göttin, der strahlenden Königsgemahlin, der ins Abseits gedrängten Königin Ohnesohn, der couragierten Herrscherin sowie der geschändeten Toten nur grob markiert ist. Es ist dies die
gleiche Verwandlung, die Jürgen Liepe (einem der »Hoffoto-
grafen« des Ägyptischen Museums und damit einem Wahlver-
wandten des Bildhauers Thutmosis) bei seinen Aufnahmen der
Berliner Büste gelang, als er sich besann, den musealen Kult der
blendenden Ausleuchtung in Frage zu stellen und den Lichtein-
fall zu variieren (Abb. 45). Im modulierten Licht tauchen plötzlich Schatten wie von Tränensäcken auf und feine Linien, die
von den Nasenflügeln abwärts zu den Mundwinkeln führen.[41]
Nofretete im Zwielicht des wirklichen Lebens: das Gesicht eines Menschen mit einer bewegten und bewegenden Geschichte.

ANMERKUNGEN

1 Wie sie etwa Umberto Eco geschrieben hat. In dessen »Storia della Bellezza« (2004) rangiert Nofretete freilich nicht an erster Stelle: »Wenn Sie mich fragen, mit welcher Frau in der Geschichte der Kunst ich essen gehen und einen Abend verbringen würde, wäre da zuerst Uta von Naumburg.« Eine Frage des Geschmacks und der Vorliebe für eine bestimmte Epoche, über die sich nicht streiten lässt.

2 Auf Anregung des damaligen Leiters der Ägyptischen Abteilung der Staatlichen Museen zu Berlin, Heinrich Schäfer, fertigte Clara Siemens im Jahre 1922 eine Serie von 16 Zeichnungen mit Amarna-Motiven an, darunter als Nr. 9 die vervollständigte Wiedergabe der rechten Profilansicht der Büste. Grethe Auer, die Gattin des Schriftführers der Deutschen Orient-Gesellschaft, Bruno Güterbock, wurde gebeten, für Zwecke der Veröffentlichung eine Textbeilage zu den Abbildungen abzufassen. Die gemeinsame Arbeit ist unter dem Titel »König Echnaton in El-Amarna« im Jahre 1922 bei J.C. Hinrichs in Leipzig erschienen.

3 Königin Hatschepsut regierte als weiblicher Pharao um die Mitte des 15. Jahrhunderts v.u.Z., in der Herrscherfolge zwischen Thutmosis II., ihrem Gemahl, und Thutmosis III., ihrem Neffen.

4 Das gilt etwa für den Begründer des Neuen Reiches Pharao Ahmose, die Könige Thutmosis III. und Amenophis III. sowie für den letzten Thutmosiden Tutanchamun.

5 Der Kultort, den wir unter dem griechischen Namen Heliopolis (Stadt der Sonne) kennen, hieß im Alten Ägypten »Jannu« (= Pfeiler, entsprechend: Pfeilerstadt), ein Name, der noch in der biblischen Bezeichnung »On« anklingt. Im Zentrum der heliopolitanischen Sonnenreligion stand der sogenannte Benben-Stein als das hochverdichtete Symbol für die Schöpferkraft des Urgottes Atum: ein urtümlich gedrungener Stein in Form eines stilisierten Phallus, der auf dem »Urhügel« (dem ersten Stück Land, das aus dem Urgewässer auftauchte) »emporstieg« und dessen Spitze (der erwählte Lieblingsplatz der Sonne) »leuchtete« – Urgestalt der späteren, in einem Pyramidion auslaufenden Obelisken. Im zugehörigen Schöpfungsmythos bringt der noch androgyne Urgott das erste zweigeschlechtliche Götterpaar hervor, Schu (den männlichen Luftgott) und Tefnut (die weibliche Lichtgöttin).

6 Siehe Ägyptische Hymnen und Gebete. Zürich-München 1975, 209.

7 Und nur gelegentliche Ausnahmen duldete. Eine Ausnahme in diesem Sinn war etwa Isis, die nicht-adelige Mutter Thutmosis' III. – und anfänglich auch Mutemwia. Mit Teje und Nofretete als unmittelbaren Nachfolgerinnen wurde jedoch die Ausnahme Mutemwia zur Regel erhoben. Für die traditionalistischen Kreise gewiss eine ungeheure Provokation.

8   Mit diesem einzelnen Obelisken hat es seine ganz eigene Bewandtnis. Er
     war gewissermaßen ein Erbstück, das sich schon am Ort befand und für
     die neuen Zwecke umbaut wurde. Ursprünglich von König Thutmosis
     III. gebrochen, wurde er erst Jahre danach von Thutmosis IV., Echnatons
     Großvater, nahe dem Osttor des Tempelbezirks aufgerichtet. Anderthalb
     Jahrtausende später ließ der römische Kaiser Konstantin der Große den
     Obelisken abmontieren und nach Alexandria bringen. Der geplante Wei-
     tertransport nach Byzanz unterblieb, weil der Kaiser starb. Sein Sohn
     Konstantius griff das Vorhaben erneut auf; Ziel der Weiterreise war jetzt
     jedoch Rom, wo der Obelisk auf der Spina des Circus Maximus seinen
     neuen Platz fand. Im sechsten Jahrhundert stürzte er um und versank für
     nahezu tausend Jahre im Morast des damals völlig heruntergekommenen
     Circus. Es war Papst Sixtus V., der den Stein erneut barg und 1588 vor
     dem Lateran (Piazza S. Giovanni in Laterano) aufstellen ließ – wo er noch
     heute zu bewundern ist. Seit dieser Zeit trägt der Obelisk, anders als auf
     unserer retouchierten Abbildung, auf seiner Spitze ein Kreuz.

9   Hinter dem menschlichen Part verbirgt sich niemand anderer als Ameno-
     phis III., der sich mit Aton vereinigt hat. In der Rebusschreibung seines
     Thronnamens Nebmaatre wird er geradezu als »Mann in der Sonne« dar-
     gestellt.

10   Es sollte in diesem Zusammenhang nicht unerwähnt bleiben, dass das
     Bauprogramm der Thebaner Jahre, das sich bis in das Jahr 5 der Regie-
     rung Amenophis' IV. erstreckte, die spätere Bautätigkeit zur Errichtung
     der neuen Hauptstadt Amarna an Volumen übertraf. Das ist ein zusätzli-
     ches Argument für die Einschätzung, dass Amenophis IV. als Bauherr für
     die Tempel- und Palastanlage von Karnak nicht in Frage kommt. Es ist
     unrealistisch anzunehmen, dass ein und derselbe Herrscher die ungeheure
     Anstrengung und den gewaltigen Aufwand an Menschen und Material
     zweimal hintereinander in Angriff genommen haben könnte. Amarna
     aber ist eindeutig das Werk Echnatons – und als solches (trotz einiger
     Parallelen) ein Gegenentwurf zu Karnak.

11   Oder auch Lichtgöttin. Das Licht ist im Alten Ägypten mit Schönheit
     und Liebe assoziiert, kann aber umgekehrt auch das Feuer meinen, den
     Gluthauch, der von der Sonne ausgeht. Tefnut verkörpert daher das bren-
     nende Sonnenauge nicht weniger als das wachsame Auge der Maat.

12   Einige spärliche Belege lassen gleichwohl auf militärische Aktionen min-
     deren Ranges schließen; so eine Razzia in Nubien und ein Scharmützel
     gegen eine syrisch-hethitische Koalition gleich zu Beginn der Regierung.
     Die letztere Konfliktlinie wuchs sich etwa um das 15. Regierungsjahr zu
     einer ernsthaften militärischen Auseinandersetzung aus.

13   Und das kam häufig vor, denn die volle Bezeichnung für den Tempel lau-
     tete: »Hut-benben im Gem(t)paaton im Haus des Aton«. Das Haus des
     Benben-Steins wurde also offenbar als Teil des Großen Atontempels be-
     griffen. Der alles umschließende Überbegriff war dann »Haus des Aton«.

14   Das belegt u.a. der neue Ton der diplomatischen Korrespondenz mit Köni-
     gen und Fürsten benachbarter Staaten, die sich im aufgefundenen Archiv
     der sogenannten Amarnabriefe erhalten hat.

15 Sie findet sich (mindestens) ein weiteres Mal auf dem Sarkophag des Echnaton, dessen Reste im Königsgrab von Amarna gefunden wurden.

16 Dieser Terminus wird für gewöhnlich für das Erscheinungsfenster im Königspalast verwendet, vor dem das Königspaar verdiente Beamte empfing und für ihre Leistungen mit Goldschmuck auszeichnete – nach Ausweis der zahlreichen Darstellungen in den Gräbern Betroffener eine Gala der besonderen Art. Im Grab des Eje, auch er einer der bedachten Höflinge, hat sich eine kleine Textpassage erhalten, welche die Szene mittels der Reaktionen einiger Wachsoldaten anlässlich des Spektakels glossiert. Einer von ihnen sagt zu einem Straßenjungen: »Lauf schnell und sieh, was es mit dem Rufen auf sich hat, wem es gilt, und komm schnell zurück.« Ein anderer fragt einen Burschen: »Über wen reden sie, mein Junge?«, worauf dieser antwortet: »Der Lärm gilt Eje, dem Gottesvater, und Tij, seiner Frau. Sie wurden zu Leuten von Gold gemacht.«

17 Wenn wir uns an dieser Stelle die Kühnheit eines weitausgreifenden Kulturvergleichs gestatten wollen, wäre an die liturgische Feier der *Tenebrae* (wörtlich: Schatten) zu erinnern, die in der Nacht auf Gründonnerstag, Karfreitag und Karsamstag als Matutin begangen wird, begleitet von Riten wie dem schrittweisen Auslöschen des 15-kerzigen Tenebrae-Leuchters. Nach christlichem Verständnis ist der Tod Jesu Chiffre der Finsternis, die mit dem strahlenden Licht der österlichen [östlichen] Auferstehung [Morgensonne] überwunden wird.

18 In der Ägyptologie hält sich dagegen hartnäckig die Vorstellung, Baketaton sei ein spätes Kind aus der Ehe Tejes mit ihrem (inzwischen verstorbenen) Gatten Amenophis III.; eine reichlich unwahrscheinliche Konstruktion, der man deutlich ihren Verwendungszweck ansieht: das Undenkbare (den Mutter/Sohn-Inzest) nicht denken zu müssen. Siehe zu den verschiedenen Inzestbeziehungen, die Echnaton eingegangen ist, die Aufstellung im Anhang.

19 Es lag verglichen mit heutigen Verhältnissen sehr früh. In der Forschung wird es auf zehn oder elf Jahre beziffert.

20 Nebmaatre ist der Thronname König Amenophis' III.; der Beiname »Guter Gott« weist darauf hin, dass er bereits verstorben war, also zum Gott erhoben wurde. Erwähnen wir an dieser Stelle, dass am thebanischen Westufer die riesige, von Amenophis III. errichtete Palaststadt von Malqata (die offiziell »Haus des Nebmaatre, Herrlichkeit des Aton« hieß) stand – und weiterhin bewohnt und genutzt wurde. Weinkrugaufschriften belegen, dass von Malqata Lieferungen nach Amarna bis (mindestens) in das Jahr 14 des Echnaton erfolgten. Diese Domäne, die »Haus des Aton« genannt wird, könnte sich durchaus im Besitz der Satamun befunden haben.

21 Man fragt sich, ob die sogenannten Affen-Statuetten – Kalksteinreliefs aus den Ruinen von Amarna, die Affen zeigen, die Harfe spielen, Kunststücke machen, ein Pferdegespann lenken – als satirische Anspielungen auf Kija resp. das Verhältnis Kijas zu Echnaton zu verstehen sind. So könnte sich das Volk einen Spaß auf die göttliche Komödie, die in wechselnden Aufzügen in Amarna in Szene gesetzt wurde, gemacht haben.

22 Vgl. Geoffrey T. Martin (1989).

23 Das geschah unter König Pinudjem I., der angesichts der schweren Grab-
räubereien im Übergang von der 20. zur 21. Dynastie die Mumien von
Thutmosis IV., Amenophis III., Merenptah, Siptah, Sethos II. sowie Ramses IV., V. und VI. in das sichere, weil gut zu bewachende Grab Amenophis' II. überführen ließ. Es versteht sich, dass auch die Mumien des
weiblichen Gefolges dieser Pharaonen evakuiert wurden. – Siehe die
Übersicht zu den Mumienüberführungen im Anhang.

24 Hier stand der Name der gemeinsamen Tochter von Echnaton und Kija,
der sich leider kein einziges Mal erhalten hat resp. stets so energisch ausgemeißelt wurde, dass er nicht rekonstruiert werden konnte.

25 Die erwähnte DNA-Analyse attestiert Tutanchamun u.a. einen Klumpfuß,
ein Befund, der durch eine Vielzahl stützender Stöcke als Grabbeigabe für
den gehbehinderten König bestätigt wird.

26 Die Szenenfolge um den Tod der Maketaton findet sich im Raum Gamma
des Königsgrabes und erinnert stilistisch stark an die Bildfolge im Raum
Alpha. Es hat deshalb nicht an Stimmen gefehlt, die in der Trauerszene
um Kija ein Duplikat der Trauer um den Tod der Maketaton erblicken
wollen. Dieselbe Szene auf zwei Räume zu verteilen macht aber ersichtlich keinen Sinn. Der Nebel um die verwirrende Duplizität der Ereignisse
lichtet sich, wenn wir einblenden, dass die beiden Todesfälle in Echtzeit
ca. zwei Jahre auseinander lagen. Bei der zeitlich späteren Ausgestaltung
des Raumes Gamma könnten die Künstler aber sehr wohl auf das Muster
aus dem Raum Alpha zurückgegriffen haben.

27 Es überrascht daher nicht, wenn wir hören, dass schon wenige Jahre nach
dem Tod Echnatons ein neues Unterweltbuch entstanden ist, das ganz offensichtlich genau diese Lücke im Sinnhorizont der Atonreligion ausfüllen
sollte. Der nach seiner teilweise kryptographischen Schreibweise »Änig-
matisches Unterweltbuch« genannte Zyklus ist im Grab des Tutanchamun gefunden worden. Mit deutlichen Anklängen an die Bildsprache
des Sonnenkults von Amarna geht der kühne Entwurf dahin, erstmals
Aton in der Unterwelt zu zeigen. Im Unterschied zur traditionellen Komposition fehlt nicht nur die Sonnenbarke, sondern ebenso die zentrale
Einteilung in Stunden. Die Räume sind lichtdurchflutet, geschwungene
Strahlenbündel gehen, als handele es sich um energetische Ströme (um
die Sonne neu aufzuladen?), von einem Unterweltwesen zum anderen.
Die Nachtsonne selbst erscheint nicht in ihrer üblichen widderköpfigen
Gestalt oder in Käferform, sondern als Sonnenscheibe, die von langen,
in feingliedrige Hände auslaufenden Armen beschützt und gehalten wird
(ein Gegenstück zu den liebevollen Strahlenhänden des lebenden Aton?).
Schließlich vereinigt sich die Ba-Seele der Sonne mit einem mumienge-
staltigen Gott, der ersichtlich die Rolle einnimmt, die in der klassischen
»Schrift vom verborgenen Raum« (Amduat) Osiris spielt: wie ein Kind
ruht sie in seinem Leib in Erwartung der (Wieder-) Geburt.

28 Vgl. zu diesem Aspekt auch F. Maciejewski, Der Gottesstaat von Amarna. Zum Beziehungsaspekt der Atonreligion (2012).

29 Den sogenannten *Pestgebeten* des Muršili sowie den *Mannestaten des Šuppiluliuma*. König Muršili, ein Zeitgenosse der beiden letzten Amarnakönige Tutanchamun und Eje, ist der Autor beider Annalen. Er kam nach dem (Pest-)Tod seines Vaters Šuppiluliuma und seines Bruders Arnuwanda an die Macht und hat das ganze Geschehen rückblickend noch einmal aufgerollt.

30 Das sind die Königinnen Tetischeri, Ahhotep und Ahmose-Nefertari – Großmutter, Mutter und Gattin von Pharao Ahmose, dem Begründer der 18. Dynastie. Im gewissen Sinne bildet das Trio der Juja-Königinnen Mutemwia, Teje und Nofretete, das gegen Ende der Dynastie der weiblichen Macht neuen Glanz verlieh, das genaue Pendant zu den Ahmosiden-Königinnen.

31 Das Relief aus Kalkstein zeigt das feingeschnittene Gesicht eines Mannes in mittleren Jahren, das große Ähnlichkeit mit einem Grabrelief des Eje aufweist. Eine mögliche Verbindung liegt auf der Hand: Der »Gottesvater« Eje war der Chef der Streitwagentruppe, der Streitwagenlenker Ranefer diesem also unterstellt.

32 Wegen des fragmentarischen Zustands der Inschriften ist im vorliegenden Fall nicht zu entscheiden, wer von beiden gemeint ist. Für gewöhnlich reicht der Feminin-Marker (t), um Nofretete zu identifizieren; er kann im Thronnamen selbst (Anch*et*cheprure) oder in der Beischrift (mer*it* = geliebt) stehen. Für Semenchkare müsste es Anchcheprure-meri ... heißen.

33 Die zugänglichen Abbildungen sind von so geringer Qualität, dass auf eine Wiedergabe verzichtet wurde.

34 Die in Rede stehende Stele hat eine Höhe von 21,5 cm und eine Breite von 16,7 cm.

35 Laut Fundbericht (Carter 261 p) ist das rechteckige Pektoral der Nut 14,3 cm breit und 12,6 cm hoch.

36 Eine Variante von Nefercheprure, des Thronnamens von Echnaton. Die nachfolgende Bezeichnung *Dachamunzu* ist die hethitische Umschrift für das ägyptische *Tahemetnesu* = die Gemahlin des Königs.

37 Der nachmaligen »Großen Königlichen Gemahlin Maat-Hornefrure«.

38 Das sogenannte Pawah-Graffito, das in einer verlassenen Grabkapelle in den thebanischen Bergen entdeckt wurde, im Grab eines gewissen Pere. Die Schrift ist einem Priester und Schreiber namens Pawah (dem Bruder des Grabbesitzers) gewidmet und auf das Jahr 3 des Königs Anchcheprure-Neferneferuaton datiert. Aus dem Text geht hervor, dass Semenchkare eine Kehrtwende in der Religionspolitik einleitete, indem er in Theben einen dem Amun geweihten Totentempel errichten ließ.

39 Weshalb einige Ägyptologen bis heute annehmen, bei Semenchkare und
    Nofretete handele es sich um ein und dieselbe Person.

40 Es war Henri Chevrier, der – 1946 von den Ägyptern gerufen, den von
    einem Erdbeben schwer beschädigten Pylon zu retten – den geschilderten
    Sachverhalt beim Abbau der einzelnen Schichten zufällig entdeckte.

41 Eine ganz ähnliche Wahrnehmung findet sich bei Wedel (2005); ihr Ge-
    währsmann ist Dietrich Wildung, der ehemalige Direktor des ägyptischen
    Museums Berlin.

ANHANG

Das Geschlecht der Thutmosiden und das Haus Juja

1. Die thutmosidischen Pharaonen

Mit Thutmosis I., dem 3. König der 18. Dynastie, beginnt die neue Abstammungslinie der Thutmosiden. Er war mit seinem Vorgänger Amenophis I. nicht verwandt und erlangte das Thronrecht durch Heirat mit dessen Tochter Prinzessin Ahmose. Auf Thutmosis I. folgten neun weitere thutmosidische Herrscher, darunter als einzige Frau Königin Hatschepsut.

- Thutmosis I. (1493–1482)
- Thutmosis II. (1482–1479)
- Hatschepsut (1479–1458)
- Thutmosis III. (1479–1426)
- Amenophis II. (1426–1400)
- Thutmosis IV. (1400–1390)
- Amenophis III. (1390–1353)
- Amenophis IV. Echnaton (1353–1336)
- Semenchkare (1335–1332)
- Tutanchaton/-amun (1332–1323)

2. Das Haus Juja

Das nicht-königliche Haus Juja betritt – nach einem ersten, nur-
mehr schemenhaft greifbaren Auftreten zur Zeit Amenophis II.
– in der Regierungszeit Thutmosis' IV. die Bühne der altägyptischen Politik. Die wiederholte Einheirat von Juja-Töchtern
(Mutemwia, Teje) in das Königshaus wird mit der Heirat von
Amenophis IV. und Nofretete dramatisch überboten. Anläßlich
des Sed-Festes verschmelzen das Geschlecht der Thutmosiden
und das Haus Juja zur »Heiligen Aton-Familie«. Mit der Königswürde zunächst für Nofretete (nach dem Tod Echnatons)
und später für Eje (nach dem Tod Tutanchamuns) deutet sich
ein Dynastiewechsel an, der durch Haremhab unterbunden
wird. Der neue Soldatenkönig usurpiert die Macht nach dem
Tod Ejes, legitimiert sich aber förmlich durch die Heirat mit
dessen Tochter Mutnedjmet.

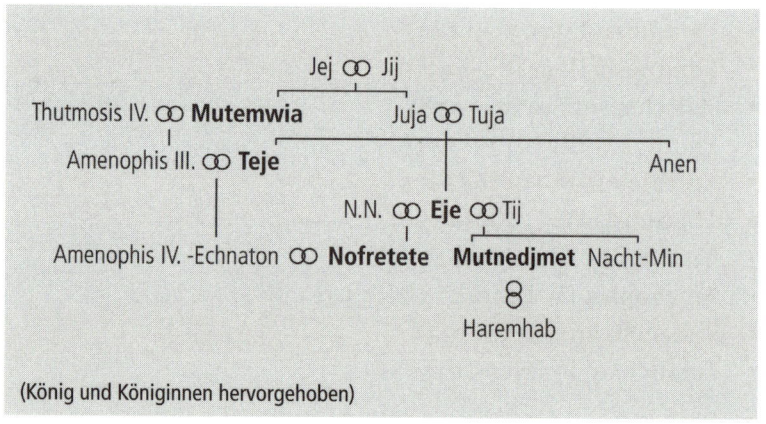

(König und Königinnen hervorgehoben)

3. Die (wahrscheinlichen) Verwandtschaftsbeziehungen in der Familie Amenophis' III.

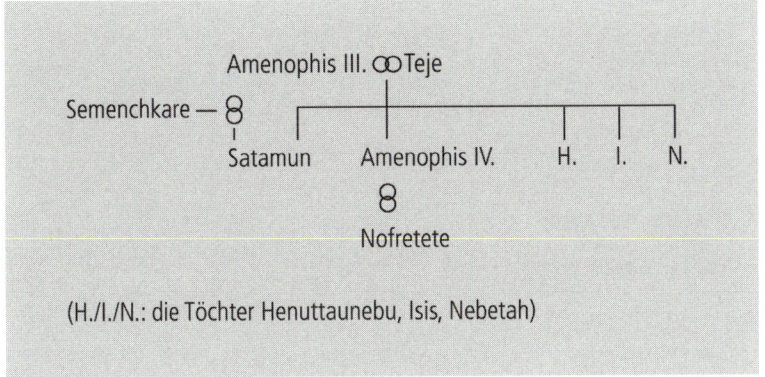

(H./I./N.: die Töchter Henuttaunebu, Isis, Nebetah)

4. Die (wahrscheinlichen) Inzestbeziehungen Echnatons (E)

E. ⚭ Meritaton	E. ⚭ Satamun/Kija	E. ⚭ Teje
|	┌──────┴──────┐	|
Meritaton-tascherit	N.N.(♀)　　Tutanchaton	Baketaton
E. ⚭ Maketaton		
|		
N.N.		
E. ⚭ Anchesenpaaton		
|		
Anchesenpaaton-tascherit		
Vater/Tochter-Inzest	Bruder/Schwester-Inzest	Mutter/Sohn-Inzest

5. Drei Generationen von Mumien der (erweiterten) Amarnazeit

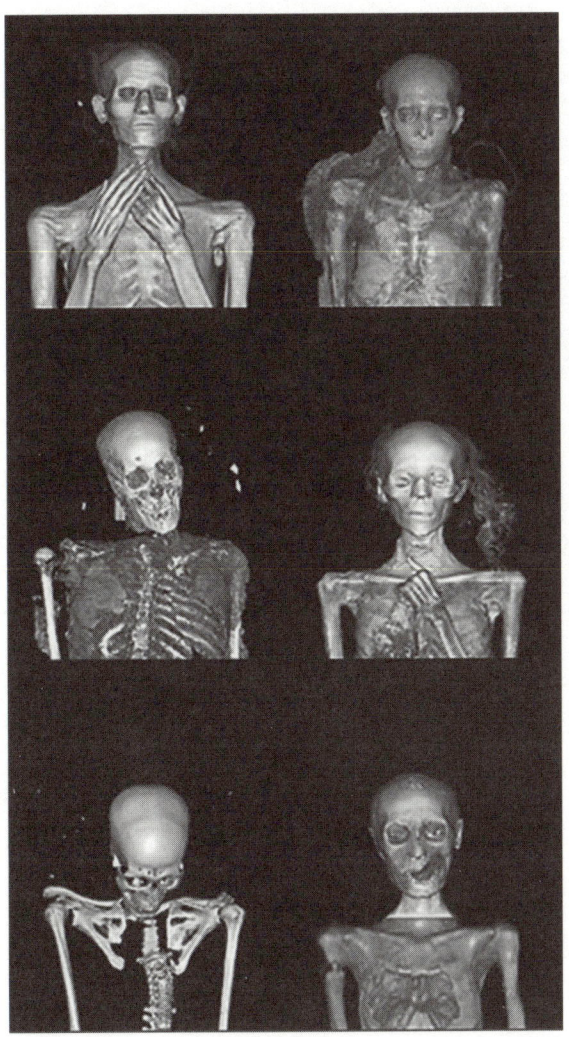

Abb. 46: Juja und Tuja in der oberen,
Amenophis III. und Teje (KV 35 EL) in der mittleren,
Echnaton und N.N. (KV 35 YL) in der unteren Reihe.

6. Die wichtigsten Mumien-Überführungen

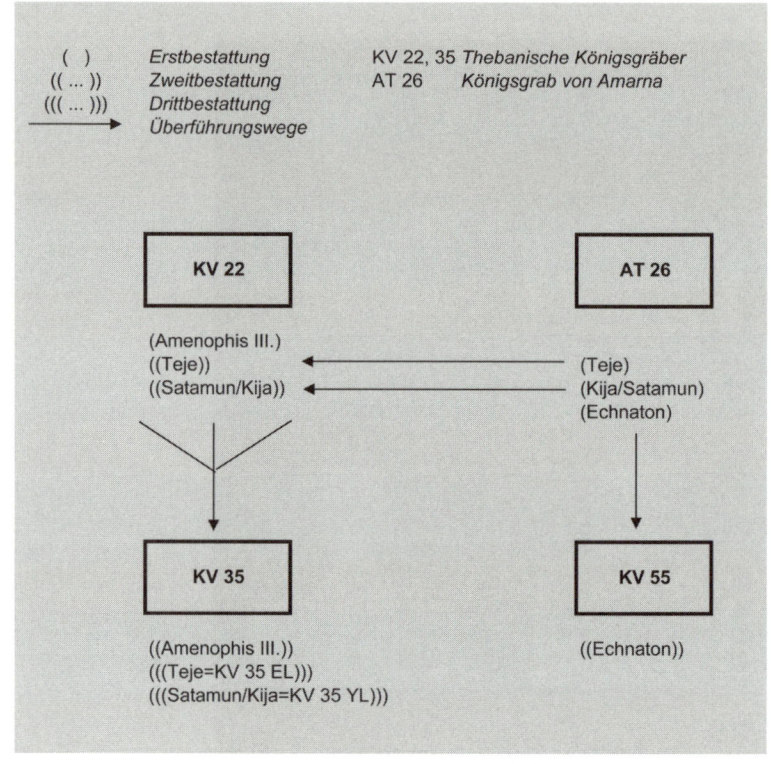

LITERATUR

Ägyptische Hymnen und Gebete. Eingeleitet, übersetzt und erläutert v. JAN ASSMANN. Zürich-München 1975.

ALDRED, CYRIL: *Echnaton. Gott und Pharao Ägyptens.* Bergisch Gladbach 1968.

ANTHES, RUDOLF: *Die Büste der Königin Nofretete.* Berlin 1973.

ARNOLD, DOROTHEA: *The Royal Women of Amarna.* Images of Beauty from Ancient Egypt. New York 1996.

BORCHARDT, LUDWIG: *Porträts der Königin Nofretete.* Aus den Grabungen 1912/13 in Tell El-Amarna. Leipzig 1923.

Das Geheimnis des Goldenen Sarges. Echnaton und das Ende der Amarnazeit. Ausstellungskatalog, hrsg. v. ALFRED GRIMM u. SYLVIA SCHOSKE. München 2001.

DAVIES, NORMAN DE GARIS: *The Rock Tombs of El-Amarna.* Vol. I–VI. London 1903–08.

ECO, UMBERTO: *Die Geschichte der Schönheit.* München-Wien 2004.

GABOLDE, MARC: »Das Ende der Amarnazeit«, in: *Das Geheimnis des Goldenen Sarges,* hrsg. von ALFRED GRIMM u. SYLVIA SCHOSKE (2001), S. 9–41.

GOETZE, ALBRECHT: »Die Pestgebete des Muršilis«, in: Kleinasiatische Forschungen I (1929), S. 204–235.

HAWASS, ZAHI et al.: »Ancestry and Pathology in King Tutankhamuns's Family«, in: JAMA 303,7 (2010), S. 638–647.

JACQ, CHRISTIAN: *Nofretetes Schwestern.* Eine Kulturgeschichte der Ägypterinnen. Hamburg 2000.

KRAUSS, ROLF: »Eine Regentin, ein König und eine Königin zwischen dem Tod von Achenaten und der Thronbesteigung von Tutanchaton«, in: Altorientalische Forschungen 34 (2007), S. 294–318.

LÉVI-STRAUSS, CLAUDE: *Die elementaren Strukturen der Verwandtschaft.* Frankfurt a.M. 1981.

LOEBEN, CHRISTIAN E.: »Nefertiti's Pillars«, in: Amarna Letters 3 (1994), S. 41–45.

MACIEJEWSKI, FRANZ: *Echnaton oder Die Erfindung des Monotheismus.* Zur Korrektur eines Mythos. Berlin 2010.

DERS.: »Der Gottesstaat von Amarna. Zum Beziehungsaspekt der Atonreligion«, in: JAN ASSMANN, HARALD STROHM (Hrsg.): *Echnaton und Zarathustra.* München 2012, S. 41–62.

MARTIN, GEOFFREY THORNDIKE: *The Royal Tomb at El-Amarna.* Vol. 2, London 1989.

MORAN, WILLIAM L.: *The Amarna Letters.* Baltimore 1992.

PAGLIA, CAMILLE: *Die Masken der Sexualität*. Berlin 1992.

Pharaohs of the Sun. Akhenaten, Nefertiti, Tutankhamen. Museum of Fine Arts, Boston 1999.

REDFORD, DONALD B.: *Akhenaten, The Heretic King*. Princeton 1984.

REEVES, NICHOLAS: *Echnaton*. Ägyptens falscher Prophet. Mainz 2002.

ROTH, SILKE: *Gebieterin aller Länder*. Die Rolle der königlichen Frauen in der fiktiven und realen Außenpolitik des ägyptischen Neuen Reiches. Freiburg-Göttingen 2002.

SAMSON, JULIA: *Amarna, City of Akhenaten and Nefertiti – Nefertiti as Pharao*. Warminster 1978.

SCHÄFER, HEINRICH: *Amarna in Religion und Kunst*. Leipzig 1931.

SIEMENS, CLARA/AUER, GRETHE: *König Echnaton in El-Amarna*. Leipzig 1922.

SMITH, RAY WINFIELD/REDFORD, DONALD B.: *The Akhenaten Temple Project*. Vol. I: Initial Discoveries. Warminster 1976.

TIETZE, CHRISTIAN (Hrsg.): *Amarna*. Lebensräume – Lebensbilder – Weltbilder. Potsdam 2008.

VERGNIEUX, ROBERT/GONDRAN, MICHEL: *Aménophis IV et les pierres du soleil*. Paris 1997.

WEDEL, CAROLA: *Nofretete und das Geheimnis von Amarna*. Mainz 2005.

WEIGALL, ARTHUR E. P.: *The Life and Times of Akhnaton Pharaoh of Egypt* (1910). Dt.: *Echnaton, König von Ägypten und seine Zeit*. Basel 1923.

ZORN, OLIVIA: *Unter Atons Strahlen*. Echnaton und Nofretete. Berlin 2010.

ABBILDUNGSNACHWEIS

Abb. 1: bpk (Bildarchiv Preußischer Kulturbesitz) Berlin, Vorderasiatisches Museum, SMB (Staatliche Museen zu Berlin).

Abb. 2: Grethe Auer, Clara Siemens: König Echnaton in El-Amarna. Leipzig 1922.

Abb. 3: Brooklyn Museum of Art, New York, 16.48.

Abb. 4, 8, 35: bpk Berlin, Ägyptisches Museum und Papyrussammlung, SMB (Foto: Sandra Steiß).

Abb. 5: Pharaohs of the Sun (Kat.), Museum of Fine Arts, Boston 1999 (Collection of Jack A. Josephson, New York. 118.89).

Abb. 6: Luigi Fiacci: Giovanni Battista Piranesi. The Complete Etchings. Köln 2000.

Abb. 7, 10, 14: Donald B. Redford: Akhenaten. The Heretic King. Princeton 1984.

Abb. 9: Robert Vergnieux, Michel Gondran: Aménophis IV et les pierres du soleil. Paris 1997.

Abb. 11, 12: Ray W. Smith, Donald B. Redford: The Akhenaten Temple Project, Vol. I und II. Warminster 1976 und Toronto 1988.

Abb. 13, 17: Kemet 3, 2010.

Abb. 15, 31: Ägyptisches Museum Kairo (TR 10.11.26.4 u. JE 44866)

Abb. 16, 20, 21, 24, 32: Norman de G. Davies: The Rock Tombs of Amarna. Bde. I, III, V und VI. London 1905–08.

Abb. 18, 25: bpk Berlin, Ägyptisches Museum und Papyrussammlung, SMB (Foto: Margarete Büsing).

Abb. 19: Grafik: Christine Mende (nach: N. Reeves, Echnaton, Mainz 2002, S. 132, Abb. 70, und Plänen der EES).

Abb. 22: Barry J. Kemp: Discovery and Renewal at Amarna, in: Journal of Egyptian Archaeology 1 (1991), S. 21.

Abb. 23: Thomas E. Peet, Charles L. Woolley: The City of Akhenaten, Bd. I (Excavations of 1921–1922), Memoir of the Egypt Exploration Society 38, London 1923.

Abb. 26, 33, 37, 41, 45: bpk Berlin, Ägyptisches Museum und Papyrussammlung, SMB (Foto: Jürgen Liepe).

Abb. 27: John D. Cooney: Amarna Reliefs from Hermopolis in American Collections. New York 1965 (Collection of Mr. and Mrs. Pomerance).

Abb. 28: bpk Berlin, The Metropolitan Museum of Art, New York (Theodore M. Davis Collection. 30.8.54, Foto: Bruce White).

Abb. 29: Geoffrey T. Martin: The Royal Tombs at El-Amarna. London 1989.

Abb. 30: http://anubis4_2000.tripod.com/mummypages2/KV35YoungerWomanColor.jpg – (Foto: Bernhard A. Grundl)

Abb. 34: bpk Berlin, Ägyptisches Museum und Papyrussammlung, SMB.

Abb. 36: Marc Gabolde: D'Akhenaton à Toutânkhamon. Collection de l'Institut d'Archéologie et d'Histoire de l'Antiquité. Lyon 1999.

Abb. 38: Nicholas Reeves: The Complete Tutankhamun. London und New York 1990.

Abb. 39: bpk Berlin, Vorderasiatisches Museum, SMB (Foto: Jürgen Liepe).

Abb. 40: Horst Klengel: Hattuschili und Ramses. Mainz 2002.

Abb. 42: Antikenmuseum Basel und Sammlung Ludwig (Foto: Andreas F. Voegelin).

Abb. 43: Nicholas Reeves: Echnaton. Ägyptens falscher Prophet. Mainz 2002, S. 194.

Abb. 44: Amarna Letters, 3, 1994 (Foto: Christian E. Loeben).*

Abb. 46: American Medical Association (2010).

Karte: Michael Haase, nach J. Baines/J. Málek, Bildatlas der Weltkulturen – Ägypten, Augsburg 1998, S. 43.

*Aufgenommen in der Saison 1984/85 im Rahmen eines persönlichen Projektes unter der Ägide des Centre Franco Égyptien d'Études des Temples de Karnak, dessen damaligen Direktoren, Dr. Jean-Claude Golvin und Prof. Dr. Jean-Claude Goyon (Lyon), der Autor und Fotograf zu großem Dank verpflichtet ist. (Persönliche Mitteilung von Dr. Christian E. Loeben, Ägyptologe am Museum August Kestner, Hannover)

Sollten trotz intensiver Bemühungen nicht alle Bildrechte Berücksichtigung gefunden haben, bitten wir die entsprechenden Rechteinhaber, sich an den Verlag zu wenden.

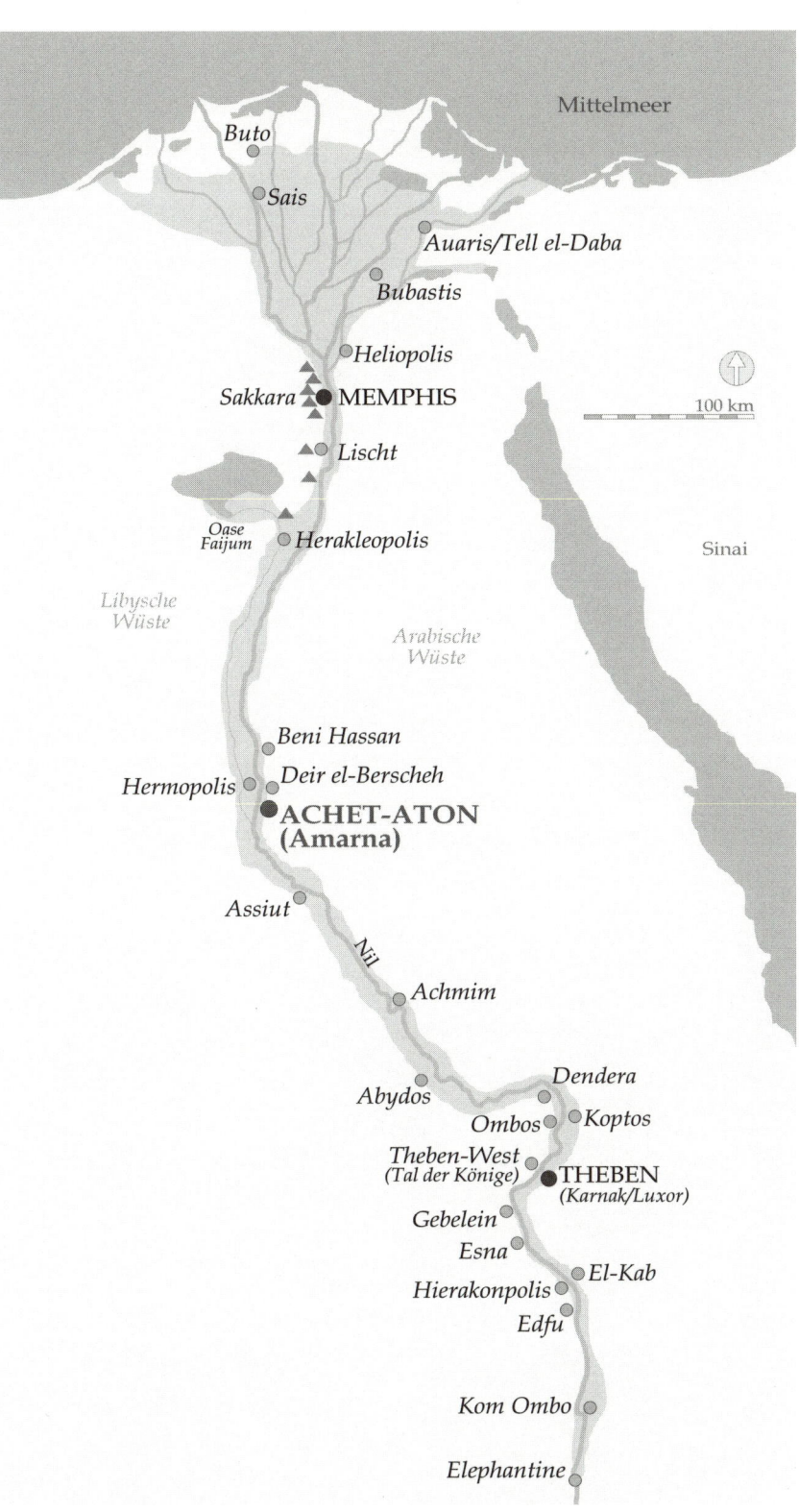

Mittelmeer

Buto

Sais

Auaris/Tell el-Daba

Bubastis

Heliopolis

Sakkara MEMPHIS

Lischt

Oase
Faijum   Herakleopolis

Libysche
Wüste

Arabische
Wüste

Sinai

100 km

Beni Hassan

Deir el-Berscheh

Hermopolis

ACHET-ATON
(Amarna)

Assiut

Nil

Achmim

Dendera

Abydos

Ombos   Koptos

Theben-West
(Tal der Könige)   THEBEN
(Karnak/Luxor)

Gebelein

Esna

El-Kab

Hierakonpolis

Edfu

Kom Ombo

Elephantine